Herausgeber: Dr. Michael Reich

Autoren: Heiner Lütjen, Dr. Frank Tietze, Timo Nuske

Innovationskooperationen von Stadtwerken

Eine empirische Untersuchung von Treibern und Barrieren

AF140251

Heiner Lütjen, Dr. Frank Tietze,
Timo Nuske

Innovationskooperationen von Stadtwerken

Eine empirische Untersuchung von Treibern und Barrieren

Heiner Lütjen, Dr. Frank Tietze, Timo Nuske
Innovationskooperationen von Stadtwerken

Eine empirische Untersuchung von Treibern und Barrieren

ISBN: 9783735742896

Der direkte Draht zu 67rockwell energy GmbH

www.67rockwell.de

E-Mail: kontakt@67rockwell.de

Herstellung und Verlag: BoD – Books on Demand, Norderstedt.

FSC
www.fsc.org

MIX
Papier aus verantwortungsvollen Quellen
Paper from responsible sources
FSC® C105338

Geleitwort

Über 15 Jahre nach der Liberalisierung der Energiemärkte und einige Jahre nach dem beschlossenen Ausstieg aus der Kernenergie stehen die rund 800 kommunalen Energieversorgungsunternehmen vielen Herausforderungen gegenüber: Steigende Wechselraten, zunehmender Preis- und Margenverfall, wachsende Qualitätsansprüche der Kunden, der Umgang mit komplexere Produkten, Technologien und Prozessen sind nur ein Auszug aus den zunehmenden Anforderungen für Stadtwerke.

Ein zentraler Baustein für eine erfolgreiche Umsetzung der Energiewende ist die Schaffung von verlässlichen rechtlichen Rahmenbedingungen. Zu viele komplexe Fragen sind heute noch unbeantwortet. Die dadurch verlorene Zeit oder auch entstehenden Fehlentwicklungen gehen zu Lasten der Verbraucher bzw. der Versorgungssicherheit. Es bedarf eines übergreifenden Projekt- und vor allem realistischen Zeitplans, um Stadtwerken Investitionssicherheit zu gewährleisten. Dennoch: Die Energiewende ist der richtige Schritt in die Zukunft. Insbesondere für Stadtwerke ergeben sich neben den genannten Herausforderungen auch eine Menge Chancen. Sie können aus den generierten Erfolgen profitieren und als Innovationstreiber vor Ort deutliche Wettbewerbsvorteile erzielen.

Innovationskooperationen können dabei ein wesentlicher Baustein sein, um gleichzeitig den kommunalwirtschaftlichen Zielen und Ansprüchen des Marktes gerecht zu werden. Für Stadtwerke bedarf es dabei umso mehr der Fähigkeit, als „Bedürfnissucher" die Wünsche der Kunden zu antizipieren und in neue Lösungen umzusetzen. Eine wesentliche Eigenschaft dafür ist die Offenheit des eigenen Unternehmens. Innovationskooperationen sind ein zentraler Bestandteil dieser „Open-Innovation-Kultur". Hier wird wechselseitig Know-how von unterschiedlichen Akteuren gewonnen, genutzt und ausgetauscht, um erfolgreiche Geschäftsmodelle in einem zunehmend komplexeren

Markt zu implementieren. Parallel dazu muss die Kernkompetenz des Unternehmens erhalten bleiben und persönliche, regionale Nähe sowie das Vertrauen der Kunden weiter entwickelt und gepflegt werden.

Die vorliegende Untersuchung greift die Thematik auf, in dem die zunehmende Bedeutung von Innovationen für Stadtwerke dargestellt, gleichzeitig jedoch die Kernkompetenz der regionalen Verbundenheit nicht vernachlässigt wird. Darüber hinaus gelingt es den Autoren, aus den Ergebnissen der Studie zentrale Erfolgsfaktoren für Innovationskooperationen von Stadtwerken zu identifizieren. In Verbindung mit den praxisorientierten Umsetzungsempfehlungen ist diese Arbeit daher allen aktiven Akteuren der kommunalen Energiewirtschaft als Lektüre zu empfehlen.

Markus Hilkenbach   **Hamburg, im Juni 2014**
Geschäftsführer
Stadtwerke Coesfeld

Geleitwort

Die Bildung von Kooperationen entlang der gesamten Wertschöpfungskette hat in den vergangenen Jahren eine zunehmende strategische Bedeutung bei kommunalen Energieversorgungsunternehmen erlangt. Ziel dabei ist, durch die Verknüpfung von Ressourcen mehrerer Partner Wettbewerbsvorteile zu generieren. Aufgrund der zunehmenden Diskussion über neue Technologien wie beispielweise Smart Meter, Smart Grid, Elektromobilität oder neue Erzeugungs- und Speichertechnologien wird darüber hinaus auch die Innovationsfähigkeit zu einem zentralen Kriterium der Wettbewerbsfähigkeit von Stadtwerken. Kommunale Energieversorgungsunternehmen sind gefordert, diese neuen und bereits bestehenden politischen Vorgaben in innovativen Themenfeldern zu analysieren und in die jeweiligen Unternehmensstrategien zu integrieren. Die Erfahrungen der letzten Jahre haben gezeigt, dass Kooperationen mit anderen Unternehmen dazu beitragen können, weitere Synergiepotenziale zu erschließen. Immer mehr Unternehmen überlegen daher, bereits bestehende Kooperationen im Bereich der Innovationsentwicklung aus- oder neue aufzubauen. Der VKU unterstützt seine Mitgliedsunternehmen in diesen Themenfeldern mit Publikationen zu innovativen Themen und Unternehmensstrategien, wie bspw. die Reihe „Stadtwerk der Zukunft". Weitere Informationen erhalten Sie unter www.vku.de.

Die vorliegende empirische Erhebung hat der VKU ideell begleitet. Sie gibt kooperationsinteressierten kommunalen Energieversorgungsunternehmen einen komprimierten Überblick, wie Entscheider in kommunalen Energieversorgungsunternehmen aktuell die Schließung von Innovationskooperationen in einem dynamischen Markt einschätzen.

Hans-Joachim Reck   **Berlin, im Juni 2014**
Hauptgeschäftsführer

Verband kommunaler Unternehmen e.V.

Herausgebervorwort

Die zunehmende Liberalisierung und Deregulierung der Energiewirtschaft sowie die beschlossene Energiewende bewirken bei den deutschen Stadtwerken ein neues Marktumfeld mit neuen Rahmen- und Wettbewerbsbedingungen und stellt sie damit vor neue Herausforderungen, die häufig nur im Verbund zu lösen sind. Um sich von der stetig steigenden Anzahl von Wettbewerbern langfristig zu differenzieren, wird es für Stadtwerke mehr denn je wichtig sein, neue Technologien und Innovationen zu entwickeln und diese in nachhaltige Produkte und Dienstleistungen umzuwandeln. Vor diesem Hintergrund steht im Mittelpunkt dieses Buches eine empirische Studie über die gemeinsame Innovationsentwicklung von Stadtwerken. In der empirischen Erhebung, die in Zusammenarbeit zwischen 67rockwell Consulting GmbH und dem Instituts für Innovationsforschung der Christian-Albrechts-Universität zu Kiel durchgeführt wurde, wurden zwischen August und Oktober 2013 bundesweit 80 Stadtwerke über ihre bisherigen Erfahrungen sowie die Treiber und Barrieren von Innovationskooperationen befragt. Insbesondere dieser hohe Rücklauf zeigt ein reges Interesse der Stadtwerke an strategischen und innovativen Themen.

Die Ergebnisse dieser Studie bieten dem Leser darüber hinaus wertvolle Anregungen und Hinweise zur Identifizierung von entsprechenden Maßnahmen bei der gemeinsamen Innovationsentwicklung.

Das Buch richtet sich insbesondere an die Führungs- und Fachkräfte in der kommunalen Energiewirtschaft, an Unternehmensberatungen als auch an Studenten der Wirtschaftswissenschaften.

Dr. rer. pol. Michael Reich   **Hamburg, im Juni 2014**
Geschäftsführender Gesellschafter
67rockwell Consulting

Inhaltsverzeichnis

Abbildungsverzeichnis

Tabellenverzeichnis

1   Einführung

1.1   Herausforderungen für die kommunale Energiewirtschaft

Die Entwicklung einer nachhaltigen Energieversorgung ist gegenwärtig eine der größten Herausforderungen Europas. Der Energiefahrplan 2050 fordert bis 2050 eine Reduzierung der Treibhausgasemissionen um 80 Prozent. Der Anteil erneuerbarer Energien soll von gegenwärtig 18 Prozent bis 2050 auf 60 Prozent steigen (BMU, 2010). Zur Erreichung dieser Ziele muss das Energiesystem auf vielen Ebenen umgestaltet und angepasst werden. Kommunale Energieversorger stehen vor der Herausforderung, die Energieversorgung ökonomisch realisierbar mitzugestalten. Noch vor einigen Jahren wurde die Wettbewerbsfähigkeit der kommunalen Energieversorger wegen der geringen Finanzkraft und der mangelnden Größe angezweifelt und ein „Stadtwerke-Sterben" prognostiziert (Wagner und Kristof, 2001: 5f.). Anders als erwartet erwiesen Stadtwerke sich jedoch nicht erst seit der Atomkatastrophe von Fukushima als zentraler Akteur der heutigen Energieversorgung.

Die Rahmenbedingungen für kommunale Energieversorger haben sich seit der Liberalisierung des Energiemarktes, aber auch insbesondere aufgrund der von der Bundesregierung eingeleiteten Energiewende, deutlich verändert. Die zusätzlichen Anforderungen können zum einen als schwer zu überwindende Hürde, auf der anderen Seite aber auch als Chance für eine gute Marktpositionierung interpretiert werden. Gestiegene Beschaffungskosten für Strom, steigende Wechselraten und die unsichere rechtliche Lage erfordern neue Lösungsstrategien. Gleichzeitig bieten sie jedoch ausreichend Potenzial zur Entwicklung von neuen Produkten und Dienstleistungen und somit die Chance zur nachhaltigen Differenzierung. Die aktuellen Bestrebungen der Rekommunalisierung von Stadtwerken verdeutlichen ebenfalls den hohen Stellenwert der kommunalen Energieversorgung. In Hamburg sprachen sich die Bürger für einen vollständigen Rückkauf der Verteilnetze aus, in Berlin wurde hingegen die Errichtung eines sozialen Stadtwerkes nur knapp verfehlt. Die hohen Kosten zukünftig notwendiger Projekte wie dem Ausbau Intelligenter Netze (Smart Grid), der Entwicklung von Energiespeichern oder der Umgang mit der Integration erneuerbarer Energien zeigen jedoch, dass Stadtwerke vor allem im Bereich der Erzeugung, Verteilung, aber auch in die Entwicklung von Innovationen vermehrt investieren müssen. Dafür bedarf es Partner, sowohl finanzieller als auch institutioneller Art, die eine Minderung von Risiken sowie den Zugang zu Kapital, Wissen und Personal ermöglichen. Vor diesem Hintergrund haben Kooperationen in der kommunalen Energieversorgung als strategisches Element an Bedeutung gewonnen.

Aufgrund der Orientierung an den Grundsätzen des Gemeinwohls sind kommunale Energieversorger der Bereitstellung von Infrastrukturleistungen dem Allgemeininteresse verpflichtet. Vor diesem Hintergrund ist eine Beurteilung der Innovativität von Stadtwerken nur im Kontext der gesellschaftlichen Verantwortung möglich. Durch die zunehmende Liberalisierung ergeben sich dabei neue Herausforderungen, die das Spannungsverhältnis von wettbewerblichen Anforderungen und gesellschaftlicher Rolle weiter strapazieren können. Die vorliegende Arbeit hat das Ziel einer systematischen und umfassenden Analyse der Treiber und Barrieren von Innovationskooperationen. Dazu werden verschiedene Kooperationstypen auf ihren Kooperationserfolg untersucht. Ergebnis der Arbeit ist die Identifizierung von relevanten Kooperationstypen und ihren zentralen Treibern und Barrieren, um einen wesentlichen Beitrag für die zukünftige Ausgestaltung von Innovationskooperationen in der kommunalen Energieversorgung leisten zu können.

1.2   Forschungsfragen und Zielsetzung

Der Ausgangspunkt dieser Arbeit entstand aus der bisher ungeklärten Frage der Energiewirtschaft, inwiefern Stadtwerke, Kooperationen zur Entwicklung von Innovationen nutzen und welche Ziele sie damit erreichen wollen. Bislang fehlen umfassende und systematische Arbeiten über die Zielerreichung von Innovationskooperationen in der kommunalen Energieversorgung. Eine angemessene Bewertung des Erfolgs einer Innovationskooperation kann jedoch nur unter der Berücksichtigung der sich ändernden Marktbedingungen des Energiemarktes sowie der besonderen Rolle von Stadtwerken erfolgen. Die erste Forschungsfrage greift diese Thematik der Marktliberalisierung und der Energiewende auf, berücksichtigt aber zugleich auch die Position des Stadtwerkes zwischen Wettbewerb und öffentlichem Auftrag.

(1) Welche zukünftigen Perspektiven bieten sich Stadtwerken vor dem Hintergrund von Energiewende, Marktliberalisierung und öffentlichem Auftrag?

Auf Basis der Erkenntnisse wird der Untersuchungsgegenstand für die empirische Erhebung konkretisiert. Aufgrund der verschiedenen Kooperationsformen in der kommunalen Energieversorgung existieren unterschiedliche Treiber und Barrieren. Um dieser Tatsache Rechnung zu tragen, werden Kooperationstypen ermittelt und ihre zentralen Treiber und Barrieren identifiziert.

(2) Welche „Kooperationstypen" existieren in der kommunalen Energieversorgung und wie beeinflussen Treiber und Barrieren ihren Erfolg?

Das Ziel der dritten Forschungsfrage besteht in der Ableitung von Handlungsempfehlungen für das Kooperations- und Innovationsmanagement von Stadtwerken. Die identifizierten Treiber und Barrieren werden dabei als Ausgangspunkt verwendet, konkrete Vorschläge für Maßnahmen und deren Umsetzung zu entwickeln. Ebenfalls werden erfolgskritische Elemente der Kooperationstypen diskutiert.

(3) Welche Implikationen ergeben sich aus der empirischen Untersuchung für das zukünftige Kooperationsmanagement von kommunalen Energieversorgern?

Insgesamt strebt die vorliegende Arbeit eine deutliche Erweiterung des derzeitigen Erkenntnisstandes an. Im folgenden Abschnitt ist der Aufbau der Arbeit zu klären.

1.3   Aufbau der Arbeit

Aus der im vorherigen Kapitel dargestellten inhaltlichen Zielsetzung leitet sich der Aufbau dieser Arbeit ab. Im Anschluss an das einleitende Kapitel dieser Arbeit folgt in Kapitel 2 die Darstellung der Strukturen kommunaler Energieversorgung in Deutschland. Dazu sind die grundlegenden Begrifflichkeiten der kommunalen Energiewirtschaft zu definieren und abzugrenzen, um ein Grundverständnis für das Analyseobjekt zu erreichen. Um die Besonderheiten von kommunalen Unternehmen in der Energiewirtschaft darzustellen, werden Rolle und Aufgabe eines Stadtwerkes konkretisiert. Ein Überblick über Perspektiven und Herausforderungen dient der Erklärung der derzeitigen Situation der Energiewirtschaft und soll die Rahmenbedingungen kommunaler Energieversorger erläutern. Die Darstellung der Kooperations- und Innovationsaktivitäten dient der Ermittlung der Potenziale von Innovationskooperationen.

In Kapitel 3 wird der Untersuchungsgegenstand der Innovationskooperation näher thematisiert. Nach einer Abgrenzung von Begrifflichkeiten werden Formen und Ziele von Innovationskooperationen anhand einer umfassenden Literaturanalyse identifiziert und verdichtet. Daraufhin werden die empirischen Forschungsdefizite formuliert, um Forschungsschwerpunkte dieser Arbeit zu konkretisieren. Am Ende des Kapitels wird ein Zwischenfazit gezogen, um erste Erkenntnisse der Untersuchung zusammenzufassen.

Das 4. Kapitel beinhaltet die Vorstellung der Vorgehensweise und Methodik der empirischen Untersuchung. Zunächst wird die Wahl eines geeigneten Forschungsdesigns begründet. Daraufhin werden die Kooperationsform bzw. Kooperationstypen, der Kooperationserfolg und die Treiber und Barrieren operationalisiert. Im Anschluss wird die Datenerhebung vorgestellt. Diese beinhaltet den Aufbau des Fragebogens, Maßnahmen zur Rücklaufquote, die Vorgehensweise der Befragung sowie die Beurteilung des Erhebungsprozesses. Abschließend wird die Datenanalyse der Arbeit vorgestellt.

Im 5. Kapitel wird zunächst ein genereller Datenüberblick gegeben. Darauf folgend wird eine deskriptive Analyse der erhobenen Daten durchgeführt. Hierzu werden die Kooperationstypen durch die Beschreibung ihrer Kooperationsform und ihres Erfolgs umfassend analysiert. Im Anschluss werden zentrale Treiber und Barrieren der identifizierten Kooperationstypen anhand einer Korrelationsanalyse ermittelt und vorgestellt. Abschließend werden die Limitationen der Arbeit aufgrund der gewählten Vorgehensweise aufgezeigt.

Kapitel 6 beinhaltet die Ableitung von Handlungsempfehlungen an Stadtwerke. Diese beziehen sich auf die Voraussetzungen, Partner, Gestaltung und Rahmenbedingungen der Kooperationstypen. Dabei werden die Treiber und Barrieren der jeweiligen Typen verglichen und diskutiert, um Maßnahmen zur Verbesserung des Kooperationsmanagements ableiten zu können.

Im abschließenden 7. Kapitel dieser Arbeit werden die zentralen Ergebnisse der Untersuchung zusammengefasst und diskutiert. Abbildung 1 zeigt die Vorgehensweise zur Erstellung dieser Arbeit.

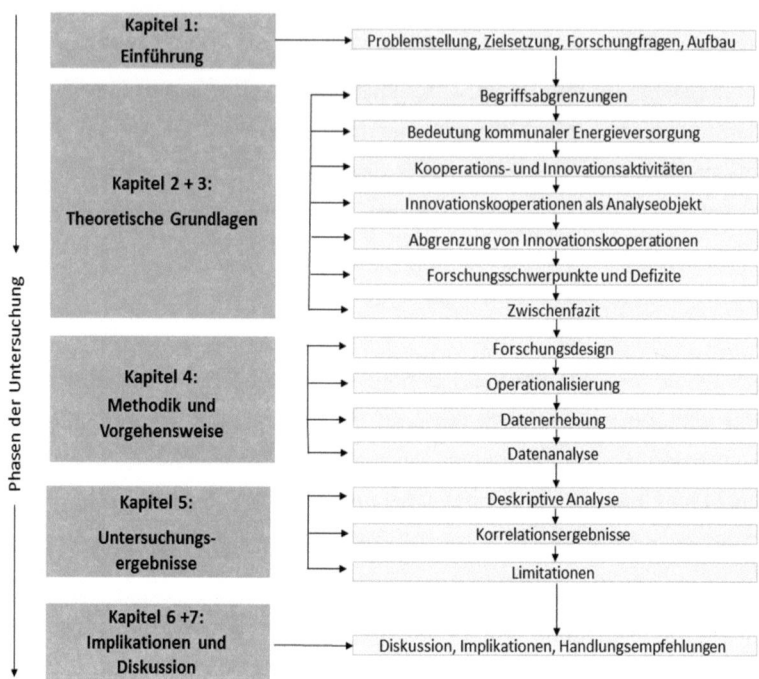

Abbildung 1: Vorgehensweise der Untersuchung

2 Kommunale Energieversorgung als Untersuchungsgegenstand

2.1 Abgrenzung relevanter Begrifflichkeiten

Stadtwerke haben eine lange Tradition in der deutschen Geschichte. Lässt man die schwer nachweisbare informelle Zusammenarbeit von Spartenbetrieben außer Acht, beginnt die Geschichte der Stadtwerke mit dem Zusammenschluss von Gas- und Wassersparten in den 1850er Jahren. Seither kam es zu einer stetigen Weiterentwicklung der kommunalen Energieversorgung in Deutschland, in der heute über 1000 Unternehmen den Namen Stadt-, Gemeinde- oder Regionalwerk tragen (Ambrosius, 2012: 38).

Zur Erklärung der herangezogenen Daten für die empirische Untersuchung ist eine Abgrenzung der untersuchungsrelevanten Begrifflichkeiten notwendig. Energieversorgungsunternehmen sind nach § 3 Abs. 18 EnWG, Unternehmen, die „ (…) Energie an andere liefern, ein Energieversorgungsnetz betreiben oder an einem Energieversorgungsnetz als Eigentümer Verfügungsbefugnis besitzen (…)“. Unter den Begriff „Energie“ fallen nach § 3 Abs. 14 EnWG „Elektrizität und Gas, soweit sie zur leitungsgebundenen Energieversorgung verwendet werden.“ Aus der untersuchten Menge scheiden somit Unternehmen aus, die ausschließlich andere mit Kohle oder Öl beliefern (Schmidt, 2002: 34). Eine allgemein anerkannte und präzise Definition des Begriffs „Stadtwerk“ ist weder in der einschlägigen Literatur noch in Gemeindeordnungen oder in Lehrbüchern zum Kommunalrecht zu finden (Ambrosius, 2012, 48; Püttner, 2012: 139). Dies ist insbesondere durch die Vielfalt unterschiedlicher Formen und Funktionen kommunaler Unternehmen zu begründen (Schöneich, 2012: 73). Weitestgehend synonym verwendet werden hingegen die Begriffe „Stadt- und Gemeindewerke“, „kommunaler Energieversorger" sowie „kommunales EVU".[1] Dieser Begriff wird daher auch im Rahmen dieser Arbeit verwendet. In diesem Zusammenhang ergibt sich jedoch die Schwierigkeit, dass der Begriff „kommunale Energieversorger" gesetzlich nicht geschützt ist und auch Energieversorger, die nicht ausschließlich im Eigentum der Stadt oder Gemeinde stehen, sich als kommunaler Energieversorger bezeichnen dürfen (Püttner, 2012: 140). Zur Abgrenzung sind folgende Merkmale für kommunale Energieversorger relevant:

Besitzverhältnisse

Nach Thiemeyer (1975: 19) ist ein Energieversorger als kommunal einzustufen, wenn ein Unternehmen überwiegend im Besitz der öffentlichen Hand liegt. Dies ist dann der Fall, wenn eine Kommune einen beherrschenden Einfluss hat oder an mehr als 50 Prozent des Nennkapitals oder der Stimmrechte beteiligt ist (Buchmann, 2009: 22f.).

Wirtschaftliche Betätigung

Ein weiteres zentrales Merkmal ist die wirtschaftliche Betätigung kommunaler Energieversorger. Sie sind somit von behördlichen oder administrativen Tätigkeiten der Kommunen abzugrenzen (Hille, 2003: 18; Sander, 2011: 9).

Rechtsform

Als Rechtsform können kommunale Energieversorger sowohl öffentlich-rechtliche als auch privatrechtliche Formen annehmen (Britz, 2008: 154; Sander, 2011: 9). Nach Statistiken des Verbands kommunaler Unternehmen (VKU)[2], sind heute 75 Prozent aller kommunalen Unternehmen, Kapitalgesellschaften (Schöneich, 2012: 77). Die Stadtwerkelandschaft ist in den letzten Jahrzehnten durch eine hohe Anzahl von Privatisierungen geprägt worden. Konsequenzen dieser veränderten Strukturen waren unter anderem neue

---

[1] Dieser Schlussfolgerung wurde aufgrund von Gesprächen mit Experten des VKUs vorgenommen.
[2] Bundesweit hat der VKU 1.400 Mitgliedsunternehmen. Mitglieder des VKU kommen aus den Bereichen: Energie, Wasser, Abwasser, Abfallwirtschaft und Stadtreinigung.

Führungsformen, höhere Renditeerwartungen und einer Verminderung des kommunalen Einflusses (Schöneich, 2012: 78). Gegenwärtige Tendenzen zeigen eine zunehmende Rekommunalisierung, die aufgrund hoher Finanzierungskosten jedoch noch nicht breitenwirksam ausgeführt wurde.

Querverbund

Der Begriff „Stadtwerke" wird oftmals in der Literatur gleichbedeutend mit dem Begriff „kommunaler Querverbund" verwendet (Ambrosius, 2012: 36). Gottschalk (2012: 55) versteht unter dem kommunalem Querverbund die „(…) Zusammenfassung zweier oder mehrerer betrieblicher Organisationseinheiten der kommunalen leitungsgebundenen Energie- und Wasserversorgung, der Entsorgung (Abfall/Wasser), des kommunalen öffentlichen Nahverkehrs (ÖPNV) sowie anderer unternehmerisch geführter Dienstleistungspartner in einem Wirtschaftsunternehmen (…)". Damit sind die Unternehmen nicht nur in den Sparten Elektrizität und Gas sondern auch über den Querverbund in den Bereichen Wasser, Entsorgung, Öffentlicher Personen Nahverkehr (ÖPNV), Wärmeversorgung, Bäder und weiteren Feldern aktiv. Aufgrund der vielfältigen Tätigkeiten eines kommunalen Energieversorgers und somit entstehender Heterogenität der Unternehmen werden im Rahmen dieser Arbeit Stadtwerke untersucht, die im Bereich der Energieversorgung mit den Sparten Elektrizität und/ oder Gas aktiv sind.

2.2   Relevanz kommunaler Energieversorger in Deutschland

2.2.1   Legitimation

Die ökonomische Bedeutung kommunaler Unternehmen ist in den Statistiken des Verbands kommunaler Unternehmen (VKU) wiederzufinden. Der VKU weist derzeit 1409 kommunale Unternehmen als Mitglieder auf, die zusammen einen Umsatz von knapp 95,0 Mrd. Euro erwirtschafteten (VKU, 2012a: 4). Davon fallen 43,3 Mrd. Euro auf den Bereich Strom und 25,1 Mrd. Euro auf den Bereich Gas, die somit über 70 Prozent der Umsätze generieren. Die Entwicklung der Beschäftigten ist hingegen stetig zurückgegangen und liegt derzeit bei knapp 235.000. Die Rechtsform der Unternehmen ist größtenteils die GmbH (49,5%) oder der Eigenbetrieb (21,7%) (Lenk und Rottmann, 2010: 202). Der Beitrag zur Energieversorgung in Deutschland im Bereich Strom beläuft sich auf 49 Prozent und im Bereich Gas auf 58 Prozent. Damit leisten kommunale Unternehmen einen hohen Beitrag zur Sicherstellung der Energieversorgung in Deutschland (VKU, 2012a: 12).

Stadtwerke besitzen einen hohen Anteil an Kraftwerkskapazitäten, wobei der größte Teil auf die energieeffiziente und klimaschonende Kraft-Wärme-Kopplung fällt. Bei dieser Kraft-Wärme-Kopplung wird die anfallende Wärme bei der Stromerzeugung in Nah- und Fernwärmenetz eingespeist und somit energetisch genutzt. Abbildung 2 stellt die hohe ökonomische Bedeutung von kommunalen Energieversorgern dar.

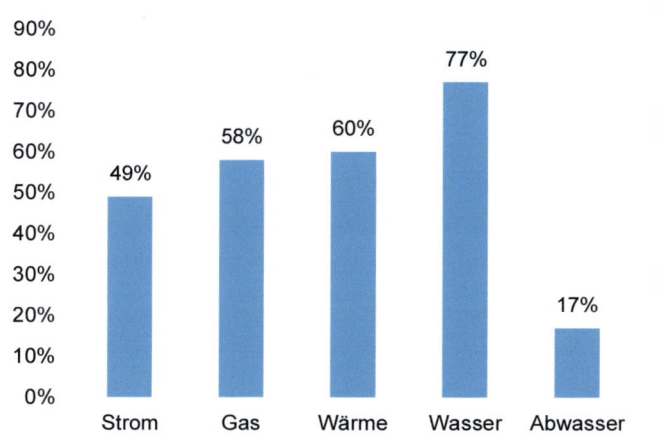

Quelle: VKU, 2012a: 9f.

Abbildung 2: Marktanteil der Stadtwerke zur Energie- und Wasserversorgung in Deutschland

Nicht nur die ökonomische, sondern auch die juristische Legitimation ist häufig Bestandteil öffentlicher Diskussion (Reck, 2012: 22ff.; Eichhorn, 2012: 93ff.; Praetorius, 2012: 125f.). Unter der juristischen Legitimation ist die rechtmäßige Anerkennung einer Person oder Institution zu verstehen (Eichhorn, 2012: 93). Die juristische Legitimation der kommunalen Energieversorgung findet sich im deutschen Grundgesetz wieder. Das deutsche Verfassungsrecht beinhaltet jedoch keineswegs allgemeingültige Aussagen zur Legitimation öffentlicher Unternehmen (Pielow, 2012: 161; Burgi, 2010: 56). Nach Artikel 28 Abs. 2 Grundgesetz wird Gemeinden das Recht gewährt, alle örtlichen Gemeinschaften in eigener Verantwortung zu regeln (Reck, 2012: 23). Damit werden zum einen Stadtwerken die kommunale Selbstverwaltung garantiert und zum anderen der Gemeinde bestimmte Aufgaben zugeordnet (Pielow, 2012: 161). Stadtwerke haben einem öffentlichen Gemeinwohlzweck zu dienen, der in der Öffentlichkeit kontrovers diskutiert wird (Püttner, 2012:

149). Nach heutiger Rechtsprechung[3] ist der öffentliche Auftrag gleichbedeutend mit der Daseinsvorsorge kommunaler Unternehmen (Reck, 2012: 17;
Püttner, 2012: 140). Unter der Daseinsvorsorge werden Leistungen und Güter
verstanden, die zur Erhaltung der Lebensqualität der Bürger und zur gesellschaftlichen Entwicklung beitragen (Lenk und Rottmann, 2012: 204). Grundlage dieser Überlegung ist der Gedanke, dass die Verantwortung grundrecht-
lich abgesicherter Bedürfnisse wie z. B. Energie zu erschwinglichen Preisen
bei der öffentlichen Hand liegt (Reck, 2012: 17). Aufgrund der „Nichtaus-
schließbarkeit" unrentabler Kunden erfüllt die Daseinsvorsorge einen Auftrag,
der den Zielen privater Unternehmen widerspricht (Reck, 2012: 18; Püttner,
2012: 140).

2.2.2 Rechtliche und marktwirtschaftliche Anforderungen

Eine der bedeutendsten Veränderungen der europäischen Energiewirtschaft
wurde durch die Energierechtsreformen von 1998 und 2005 eingeleitet. Die
von der EU vorgegebenen Energierechtsreformen änderten die bisherigen
monopolistischen Versorgungsstrukturen grundlegend zu einem stärker libe-
ralisierten Markt (Ambrosius, 2012: 66). Das bis dahin gewährleistete Ange-
botsmonopol im Strom- und Gasmarkt wurde aufgehoben, um den Wettbewerb zu erhöhen (Lenk und Rottmann, 2012: 203). Um ein Marktmodell der
diskriminierungsfreien Durchleitung zu schaffen, wurden die Netze gegenüber
Lieferanten, die im Netzgebiet Kunden mit Strom oder Gas beliefern, geöffnet
(Ambrosius, 2012: 66). Aufgrund des hohen Regulierungsaufwandes bestand
jedoch die Notwendigkeit neue Behördenzweige auf Ebene der Länder und
des Bundes zu implementieren (Schöneich, 2012: 79). Die Konsequenzen
dieser Umstrukturierungen sind bis heute durch zunehmende Regulierungen
für Netzbetrieb und Lieferantenwechsel und somit steigendem Anteil von
Bürokratie spürbar. Zudem bewirkte die Herstellung von Wettbewerb erstmals

---

[3] Vgl. dazu auch das Regionalisierungsgesetz von 2002

transparente und differenzierte Energiepreise, die folglich zu einer Preiskon-
kurrenz zwischen den Energieversorgern führte (Schöneich, 2012: 79).

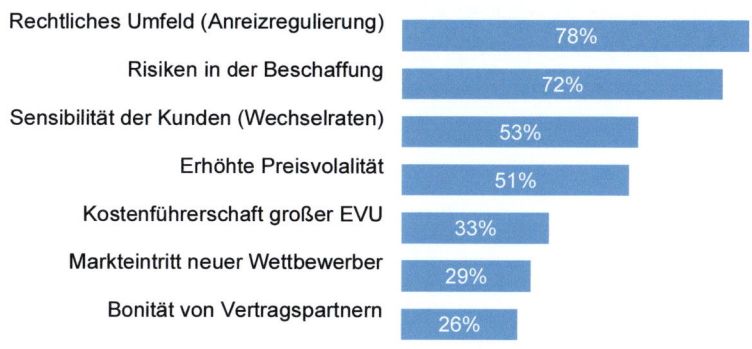

Mehrfachangaben möglich, Quelle: Lenk und Rottmann, 2009: 12.

Abbildung 3: Bedeutung der Risiken im Marktumfeld von Stadtwerken

78 Prozent der Stadtwerke sehen die zentrale Herausforderung darin, neuen
rechtlichen Anforderungen gerecht zu werden. Mit dem Inkrafttreten der An-
reizregulierungsverordnung (ARegV) erfolgte im Bereich der Strom- und Gas-
netze ein Paradigmenwechsel (Herrmann, 2012: 289). Bis dato orientierten
sich die Erlöse der Netzbetreiber an den Kosten. Dazu wurde ein zusätzlicher
Gewinn addiert. Energie-Experten bemängeln jedoch in diesem System den
fehlenden Anreiz zu einer effizienten Kostenorientierung (Herrmann, 2012:
289). In der Anreizregulierung werden den Netzbetreibern individuelle und
effiziente Erlösobergrenzen vorgegeben. Falls einige Netzbetreiber durch
effizientes Wirtschaften die Erlösobergrenze übererfüllen, entsteht ein Delta,
das von den jeweiligen Unternehmen als Gewinn verbucht werden kann
(Herrmann, 2012: 290). Dieser Anreiz birgt jedoch die Gefahr, dass ausschließlich an Kosten orientierte Effizienzsteigerungen zu mangelnden Investitionen in Netzen führen und sogar die Versorgungsqualität beeinträchtigt
werden könnte.

Ständig ändernde Marktbedingungen, wachsende Qualitätsansprüche und neue Kundenanforderungen führten für Stadtwerke zu einem stark veränderten Verhältnis zu ihren Kunden (Schöneich, 2012: 79). Die in Abbildung 4 dargestellte Wechselbereitschaft der Letztverbraucher seit der Marktliberalisierung zeigt deutlich die zunehmende Marktmacht der Kunden.

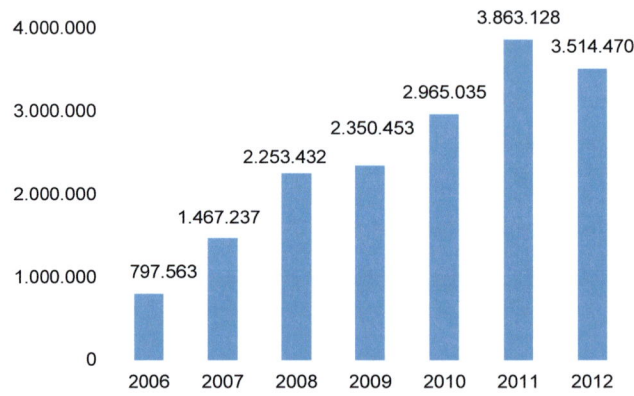

Quelle: Bundesnetzagentur, 2013: 122.

Abbildung 4: Anzahl Lieferantenwechsel von Letztverbrauchern

Mit der Liberalisierung des Marktes wurden Stadtwerke mit Privatunternehmen gleichgestellt und einem offenen Wettbewerb ausgesetzt. Dabei ist zu beachten, dass bis heute Restriktionen des Gemeinderechtes für Stadtwerke gelten, die in der kommunalen Energiewirtschaft zur Kritik „eines Wettbewerbers mit Fußfesseln" führte (Wieland, 2007: 92). Darüber hinaus ist auch zu berücksichtigen, dass zahlreiche Lockerungen des Gemeindewirtschaftsrechtes stattgefunden haben, um die Diskrepanz zwischen den Verpflichtungen des Örtlichkeitsgebotes oder Subsidiaritätsprinzips und dem steigenden Wettbewerb zu verringern (Schöneich, 2012: 82).[4] Aus Abbildung 5 geht hervor,

---

[4] Dazu sind insbesondere Brandenburg 2007/12 und Sachsen-Anhalt 2007/11 zu nennen.

dass 50 Prozent der Stadtwerke, das Spannungsfeld von öffentlichem Auftrag und Wettbewerb als problematisch empfinden.

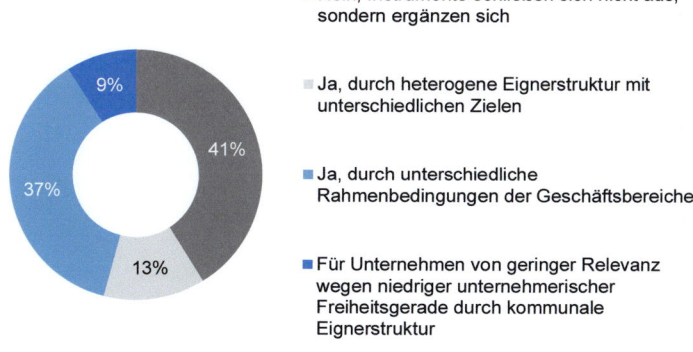

Quelle: Lenk und Rottmann, 2009: 8.

Abbildung 5: Interdependenz von Daseinsvorsorge und Wettbewerb

Eine weitere zentrale Entwicklung am Energiemarkt ist die in der Bundesrepublik Deutschland eingeleitete Energiewende. Die Bundesregierung hat ein Energiekonzept beschlossen, das unter anderem einen Ausstieg aus der Atomkraft bis zum Jahr 2022 und den Ausbau der erneuerbaren Energien vorsieht. Der Energieanteil aus erneuerbaren Energien am Stromverbrauch von heute 16 Prozent soll auf mindestens 35 Prozent im Jahr 2020 und bis zu 80 Prozent im Jahr 2050 ansteigen. Der Anteil erneuerbarer Energien am Endenergieverbrauch soll bis 2020 auf 18 Prozent und im Jahr 2050 auf 60 Prozent steigen. Abbildung 6 zeigt die bisherige Zielerreichung des Energiekonzeptes.

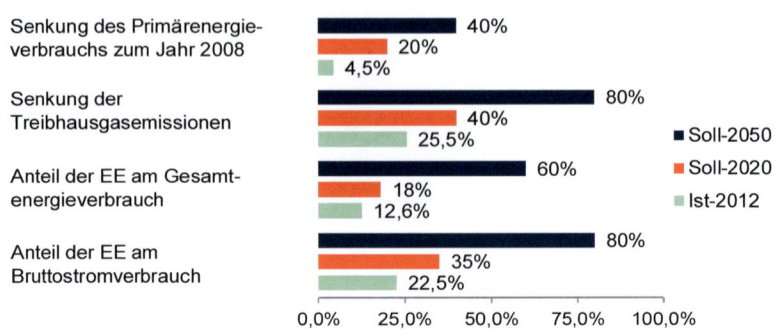

Quelle: BMU, 2010; AG Energiebilanzen e. V., 2012: 2f.

Abbildung 6: Zielerreichung des Energiekonzeptes

2.2.3 Perspektiven

Die dargestellten Entwicklungen der Energiewirtschaft führen zu zusätzlichen Anforderungen, die aber in der Konsequenz auch zahlreiche Chancen zu einer nachhaltigen Marktpositionierung bieten. Nach unabhängigen Studien von BMWi (2007) und BMU (2008) werden bis zum Jahr 2020 bis zu 33 GW von Altkraftwerken stillgelegt, um politische Ziele im Rahmen des Klimawandels zu erreichen. Aufgrund des beschlossenen Atomausstiegs müssen zudem zahlreiche Kernkraftwerke, die 2021/2022 vom Netz gehen, ersetzt werden (Wübbels et al., 2012: 277). Um den fehlenden Energiebedarf auszugleichen, können Stadtwerke durch Investitionen in moderne Anlagen mit hohen Wirkungsgraden und besseren Umweltstandards einen wichtigen Beitrag zu einer nachhaltigen Energieversorgung liefern. Zum anderen können Stadtwerke mit Investitionen in neue Kraftwerke einen Beitrag zur regionalen Wertschöpfung und zum Erhalt von Arbeitsplätzen leisten (Wübbels et al., 2012: 274). Der Nachteil moderner Braun- oder Steinkohlekraftwerke entsteht durch die Tatsache, dass sie größtenteils weit von Verbrauchern entfernt sind, wo hingegen nachhaltige Energieformen wie Wind, Photovoltaik oder Biogas größtenteils lokaler und dezentraler Natur sind (Prateorius, 2012: 129). Die

Stromerzeugung ist dann am effizientesten, wenn die anfallende Wärme nicht in die Atmosphäre abgegeben wird, sondern für die Wärmeversorgung, wie bei der Kraft-Wärme-Kopplung, genutzt wird (Prateorius, 2012: 129).

Die deutsche Politik hat mit dem Kraft-Wärme-Kopplungsgesetz (KWK-Gesetz) im Jahr 2009 das Ziel ausgelegt, dass 25 Prozent des produzierten Stromes in Deutschland in Kraft-Wärme-Kopplung (KWK) erzeugt wird. Diese Erfordernisse setzen dezentrale Akteure voraus, die sie auch operativ umsetzen können (Praetorius, 2012: 125). Stadtwerke erzeugen Strom vorrangig in Kraft-Wärme-Kopplung und können die anfallende Wärme ins Nah- und Fernwärmenetz einspeisen und diese energetisch nutzen. Da bisher nur 12 Prozent des Stromes aus KWK erzeugt werden, ist hier von einem erhöhten Investitionsbedarf in den kommenden Jahren auszugehen (Wübbels et al., 2012: 274).

Die Bundesregierung hat in ihrer Energieeinsparverordnung beschlossen, bis 2050 einen nahezu klimaneutralen Gebäudebestand zu haben. Dazu soll bis 2020 der Wärmebedarf um 20 Prozent reduziert werden (BMWI, 2013: 1). Ein Schlüssel für höhere Energieeffizienz ist das klimaneutrale Gebäude. Das so genannte „intelligente Wohnen" (Smart Home) ist dabei ein Baustein, der zukünftig an Bedeutung gewinnen wird. Eine Studie von Trend Research (2010) zeigt, dass Smart Home ein zunehmendes Wachstum und eine stärkere Nachfrage entwickeln wird.

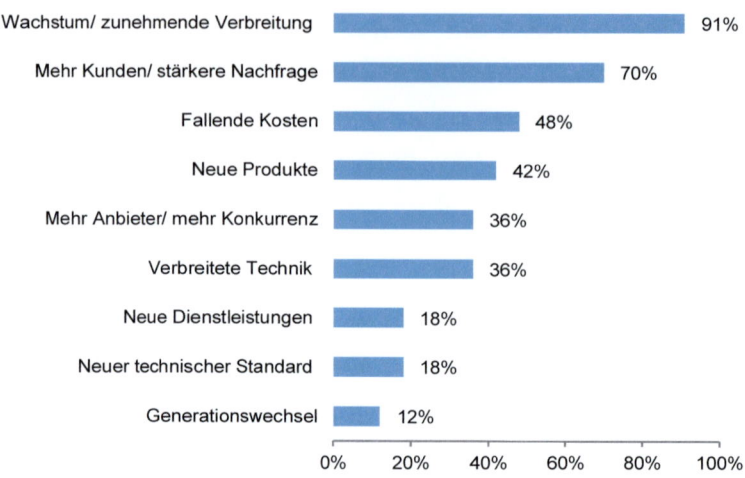

Quelle: Trend Research, 2010; Eine Befragung von Herstellern

Abbildung 7: Entwicklung des Marktes für Smart Home bis 2020

2.3   Kooperations- und Innovationsaktivitäten

Die im letzten Abschnitt dargestellten komplexen Herausforderungen sind in der Regel nicht allein zu bewältigen. Kommunale Energieversorger sind zunehmend darauf angewiesen, die zusätzlichen Anforderungen der Marktliberalisierung und der Energiewende durch die Aufnahme externer Ressourcen zu bewältigen (Barnekow, 2009: 117). Abbildung 8 zeigt, dass Kooperationen als zentraler Wachstumsansatz von Stadtwerken angesehen wird.

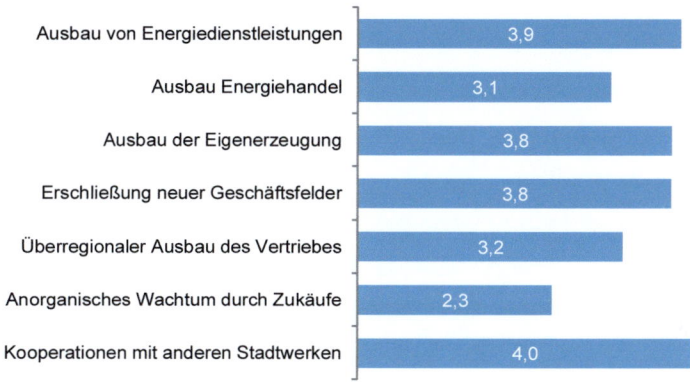

Wichtigkeit: 5 = sehr wichtig, 1 = unwichtig, Quelle: Lenk und Rottmann, 2007: 28.

Abbildung 8: Wachstumsansätze von Stadtwerken

Mehr als 84 Prozent der kommunalen Energieversorger befinden sich gege-
wärtig in mindestens einer, 49 Prozent befinden sich sogar in zwei oder mehr
Kooperationen (VKU, 2010: 6). Auch für die Zukunft scheint die Bildung von
Kooperationen ein bedeutendes Reaktionsmuster auf Marktveränderungen zu
sein. Über 65 Prozent der kommunalen Energieversorger sind auch in Zukunft
bereit, Kooperationen einzugehen (Rödl und Partner, 2012: 5f.). Vor diesem
Hintergrund stellt sich die Frage nach den Motiven und Hintergründen für die
hohe Bedeutung von Kooperationen. Die Gründe und Ursachen zur Bildung
von Kooperationen in der Energiewirtschaft sind jedoch vielfältig (Lenk und
Rottmann, 2012: 211).

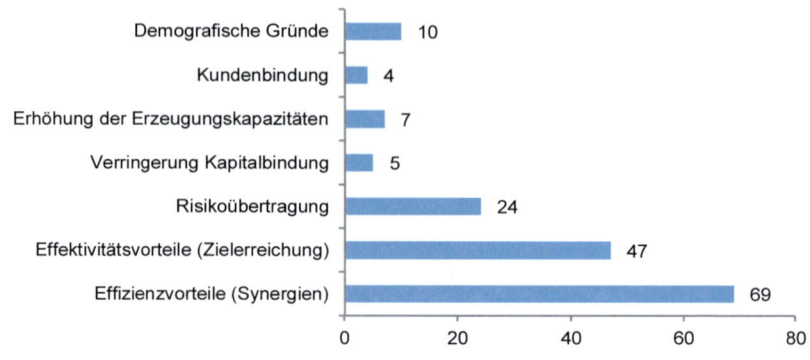

Mehrfachnennung möglich, Quelle: Lenk und Rottmann, 2009: 13.

Abbildung 9: Ziele interkommunaler Zusammenarbeit

Die Innovationsentwicklung bei Stadtwerken ist im Gegensatz zum Thema Kooperationen in zahlreichen Studien weitestgehend unberücksichtigt geblieben. In einer von wenigen Studien über Innovationsentwicklung werden Innovationstreiber vor allem in der Marktentwicklung, dem Wettbewerb sowie den neuen Kundenansprüchen festgestellt (Energieforen Leipzig, 2012: 12). Die bisher nur geringfügig betrachtete Entwicklung von Innovationen in wissenschaftlichen Aufsätzen über die kommunale Energieversorgung überrascht, da die Entwicklung des Energiemarktes binnen der vergangenen 15 Jahre durch die staatliche Anreizpolitik und die Technikentwicklung deutliche Veränderungen durchlaufen hat (Barnekow, 2009: 17).

Die Neugestaltung des Energienetzes zu einem intelligenten Netz (Smart Grid) ist ein wesentliches Indiz der zunehmenden Technikentwicklung der Energiewirtschaft und zugleich zentraler Faktor einer nachhaltigen Energieversorgung. Der Umgang mit einem Smart Grid erfordert von dezentralen Erzeugern die Entwicklung neuer innovativer Lösungen, um eine Vernetzung von moderner Informationstechnologie und Energiespeichern mit schwankenden Energieverbräuchen zu ermöglichen (Praetorius, 2012: 131).

Ein weiterer Auslöser der erforderlichen Veränderungsbereitschaft von Stadtwerken ist der sich stetig verändernde institutionelle Rahmen der Energiewirtschaft (Jansen et al., 2007: 2f.). Das Beispiel der Anreizregulierung zeigt,
dass die Entwicklung innovativer Lösungen Wettbewerbsvorteile schaffen
kann. Die Erschließung neuer Geschäftsfelder, die Nutzung von Synergieef-
fekten oder der Einsatz von modernen Technologien sind nur einige Beispiele.
Die Anreizregulierung schafft somit nicht nur zusätzlichen Aufwand, sondern
bietet gleichzeitig auch mehr Gestaltungsmöglichkeiten und Innovationspoten-
tial für kommunale Energieversorger (Herrmann, 2012: 301f.).

Auf der Makroebene werden Institutionen als eine Art von Regeln und Normen verstanden, die einen wesentlichen Einfluss auf den Innovationserfolg
von Organisationen haben können (Jansen et al., 2007: 3). Dabei besteht die
Aufgabe regulativer Politik in der Sicherstellung von Strukturen, die eine Ent-
faltung von Leistungspotenzialen des Marktes ermöglichen und Marktversa-
gen verhindern (Jansen et al., 2007: 3). Dies gilt auch für die kommunale
Energieversorgung, in der die Akteure eine zunehmende Anzahl von ökologi-
schen Zielen zu erfüllen haben und weiterhin der Daseinsvorsorge gesetzlich
verpflichtet sind (Jansen et al., 2007: 4). Vor diesem Hintergrund geraten
Stadtwerke in einen zunehmenden Veränderungsdruck, der sie zu einer hohen Effizienz- und Innovationsorientierung führt. In der Mikroebene löst ein
von außen hinzugeführter Regulierungsdruck einen unternehmensinternen
Anpassungsprozess aus. Dazu passt sich das Unternehmen zur Erreichung
von Effizienzzielen an und definiert Marktposition und Zielvorgaben neu (Jansen et al., 2007: 4).

Stadtwerke sind aufgrund ihrer öffentlichen Funktion der Daseinsvorsorge
gezwungen, im Allgemeininteresse zu handeln. Somit ist ein kommunaler
Energieversorger in der Wahl seiner Alternativen keineswegs als frei zu bezeichnen und wirft die zentrale Frage der Reaktion auf den zunehmenden
Veränderungsdruck auf. Insgesamt scheint noch unklar, ob diese Ausrichtung

Kommunale Energieversorgung als Untersuchungsgegenstand

an den neuen Rahmenbedingungen gelingt (Barnekow, 2009: 18). So setzen neue Leistungsangebote und Veränderungen der Wertschöpfungskette ein neues Selbstverständnis sowie einen tiefgreifenden strategischen Wandel voraus, der heute noch nicht abgeschlossen ist. Aktuell verfügen nur 12 Prozent der Stadtwerke über ein systematisches Innovationsmanagement (Energieforen Leipzig GmbH, 2012: 12).

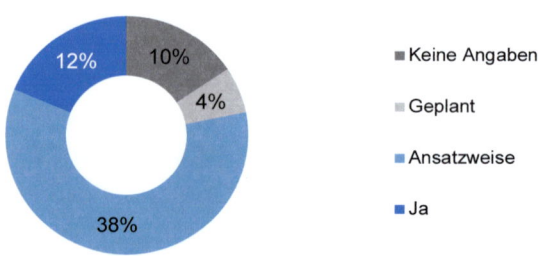

Quelle: Energieforen Leipzig GmbH, 2012: 12.

Abbildung 10: Existenz eines systematischen Innovationsmanagements

Eine Erklärung für die gegenwärtige geringe Institutionalisierung des Innovationsmanagements stellen die Ansichten der Stadtwerke über den Erfolg von Produkt- und Prozessinnovationen dar. Nur 16 Prozent der Stadtwerke sehen in der Entwicklung von Produktinnovationen eine große oder sehr große Auswirkung auf den Umsatz (Energieforen Leipzig GmbH, 2012: 20). Auf der anderen Seite jedoch haben Stadtwerke die Bedeutung von Innovationen erkannt und investieren zunehmend in innovativen Geschäftsfeldern. Über 79 Prozent der Stadtwerke sind im Bereich der erneuerbaren Energien und über 60 Prozent auch im Bereich der dezentralen Energieerzeugung sowie der Energieeffizienz tätig (Energieforen Leipzig GmbH, 2012: 18). Zudem geben 42 Prozent der kommunalen Versorger an, Innovationsentwicklung als übergeordnetes Unternehmensziel verankert zu haben (Energieforen Leipzig GmbH, 2012: 26).

Insgesamt betrachtet lässt sich eine tiefgreifende Veränderung der kommunalen Energieversorgung feststellen, die aber hinsichtlich der Anforderungen der Marktliberalisierung und Energiewende, sich weiter fortsetzen wird. Kooperationen sind als ein wesentlicher Baustein für eine nachhaltige Marktpositionierung fest verankert, die Innovationsentwicklung dagegen steckt noch im Aufbau. Wie Kooperationen und Innovationen gemeinsam realisiert werden können, wird Ziel des folgenden Kapitels sein.

3   Innovationskooperationen als Untersuchungsgegenstand

Dieses Kapitel soll dazu beitragen, ein umfassendes Verständnis über die Begriffe Innovation, Kooperation und Innovationskooperation zu entwickeln. In diesem Zusammenhang sind Forschungsschwerpunkte und Defizite zu analysieren und mögliche Formen von Innovationskooperationen aufzuzeigen.

3.1   Abgrenzung relevanter Begrifflichkeiten

3.1.1   Innovation

Der Innovationsbegriff wird in der Literatur auf vielfältige Weise verwendet (Hauschildt und Salomo, 2007: 3). Eine entsprechende präzise Abgrenzung und Definition ist notwendig. Für diese Arbeit soll folgende Definition herangezogen werden:

„Innovation ist der Prozess der Entstehung eines als neu empfundenen
Gutes von der Generierung einer Idee bis zur Einführung auf dem Markt."
(Mirow, 2010: 9)

Zentraler Bestandteil dieser Definition ist die Annahme, dass innerhalb der
Organisation das Gut als neuartig wahrgenommen wird (Zaltman et al., 1973:
10). Mit dieser Innovation werden weder Einschränkung auf einen bestimmten
Neuigkeitsgrad noch einen spezifischen Innovationsgegenstand vorgenommen (Salomo, 2003: 399). Der Innovationsprozess wird ganzheitlich berücksichtigt und keine Phase des Innovationsprozesses ausgeschlossen (Vahs
und Burmenster, 2005: 85).

Um Innovationen näher zu spezifizieren, können verschiedene Innovationsarten differenziert werden. Es kann zwischen Produkt- und Prozessinnovationen
unterschieden werden, wobei zur Produktinnovation nicht ausschließlich die
Innovation von Sachgütern, sondern auch die Dienstleistungsinnovation zählt
(Hauschildt, 2004: 11; Abernathy und Utterback, 1975: 142f.). Die Innovation
bezieht sich somit auf das Endprodukt oder die finale Dienstleistung zur Be-
friedigung der Bedürfnisse des Kunden (Hauschildt, 2004: 11). Prozessinnovationen meinen hingegen die Art und Weise, wie das Produkt hergestellt und
vertrieben wird (Abernathy und Utterback, 1975: 142f.). Vahs und Burmester
(2005: 78) differenzieren den Innovationsbegriff zusätzlich in eine organisatorische Innovation, die eine Neuerung der Aufbau- oder Ablauforganisation
darstellt. Innovationen umfassen neben neuen Produkten und Verfahren auch
bedeutende technologische Veränderungen bestehender Produkte und Verfahren. Diese Umsetzung von technologischem Wissen und Ideen in neue
Produkte und Prozesse wird als technologische Innovation bezeichnet (OECD
und Eurostat, 2005: 1).

Erfahrungen aus industriellen Innovationsprojekten haben gezeigt, das Pro-
dukt- und Prozessinnovation miteinander verbunden oder sogar wechselseitig

abhängig sein können (Bender und Laestadius, 2007: 207). Dies gilt ebenso für Produkt- und Prozessinnovation, die häufig mit organisatorischen oder technologischen Innovationen verbunden sind (Vahs und Burmester, 2005: 78ff.; Mitritzikis, 2003: 31). Der Untersuchung ist es dienlich, den Befragten mehrere Antwortmöglichkeiten für die Entwicklung von Innovationen zu geben, um einen umfassenden Überblick über ihre Innovationsentwicklung zu erhalten.

Das Innovationsausmaß bestimmt sich durch die Gegenüberstellung von radikalen und inkrementellen Innovationen, je nachdem wie stark sich die Innovation von bereits Bestehendem differenziert (Hauschildt, 2004: 14f.). Jansen et al. (2006: 1661) weisen als weiteres Differenzierungsmerkmal auf den Innovationsumfang hin, welchen sie anhand der Begriffe Exploitation und Exploration beschreiben. Exploitation wird in dieser Arbeit als "build[ing] on existing knowledge and extend[ing] existing products and services for existing customer" verstanden. Exploration hingegen soll als "pursu[ing] new knowledge and develop[ing] new products and services for emerging customers or markets" definiert werden (Jansen et al. 2006: 1661). Der Begriff Exploitation ist mit einem eher geringen Risiko, Marktunsicherheit und Investitionen verbunden. Nachteile hingegen sind die schwierige Gewinnung von Marktpotential und nachhaltigen Wettbewerbsvorteilen (He und Wong, 2004: 481f.). Explorative Innovationen zeichnen sich durch höheres Risiko und Marktunsicherheit, dafür aber mit höheren Chancen zur Schaffung von Wettbewerbsvorteilen aus. In der Literatur ist dabei weitestgehend belegt, dass eine Balance zwischen Exploitation und Exploration, die sogenannte Ambidextrie, den nachhaltigsten Unternehmenserfolg gewährleistet (He und Wong, 2004; Tushman und O'Reilly, 1996). Ambidextrie kann durch die Schaffung geeigneter Rahmenbedingungen hinsichtlich der Organisationsstruktur, Unternehmenskultur und des organisationalen Lernens gefördert werden, eine spezifische Ausgestaltung ist jedoch noch weitestgehend offen (Schreyögg und Kliesch, 2003: 50ff.).

3.1.2 Kooperation

Trotz steigender Bedeutung von Unternehmenskooperationen in Wissenschaft und Praxis existiert kein Konsens über den Begriff der Kooperation (Mellewigt, 2003: 8). Eisele (1995: 9) spricht in diesem Zusammenhang gar von einem „Begriffs-, Formen- und Bedeutungswirrwarr" in der Kooperationsforschung. Mellewigt (2003: 9) sieht den uneinheitlichen Kooperationsbegriff als Folge der Verwendung des Begriffes in der Wissenschafts- als auch in der Umgangssprache. Ebenso sind Kooperationen Erkenntnisgegenstand verschiedener wissenschaftlicher Disziplinen, weshalb sich ein sehr breites Spektrum des Kooperationsbegriffes zeigt (Mellewigt, 2003: 9). Vor diesem Hintergrund ist es notwendig, eine Arbeitsdefinition in dieser Untersuchung vorzunehmen.

Rotering (1993: 8) stellt als konstitutive Merkmale von Kooperationen die gegenseitige Abhängigkeit (Interdependenz) und Autonomie der Kooperationsunternehmen fest. Im Bereich der Wirtschaftswissenschaften besteht bisher lediglich der Konsens, dass es sich bei Kooperationen um Zusammenarbeit zwischen Unternehmen handelt (Rotering, 1993: 8; Mellewigt, 2003: 9). Auch in der Energiebranche sind die Grenzen von Kooperationen zu Dienstleistungsbeziehungen, Fusionen und Beteiligungen fließend und somit schwer voneinander trennbar (Sander, 2011: 41). Um eine Vielzahl von Kooperationsformen der kommunalen Energieversorger zu erfassen, ist ein weit gefasster Kooperationsbegriff in dieser Arbeit dienlich. Für diese Arbeit gilt demnach folgender Kooperationsbegriff:

„Kooperationen sind Formen der bewusst organisierten und koordinierten Zusammenarbeit von zwei oder mehreren rechtlichen und wirtschaftlichen selbständigen Unternehmen zur Steigerung der gemeinsamen Leistungsfähigkeit sowie zur Erreichung eines höheren Grades der Zielerreichung" *(Bott, 2000: 301)*

3.1.3 Innovationskooperation

Der Bereich Forschung und Entwicklung deckt ein umfassendes Gebiet ab und muss klar abgegrenzt werden. Forschung und Entwicklung ist als systematische Arbeit zur Erweiterung der unternehmensinternen wirtschaftlichen und technischen Kenntnisse zu verstehen (BFMT, 1982: 29). Es werden grundsätzlich drei Typen unterschieden, die zunächst abzugrenzen sind, um den Untersuchungsgegenstand auf den Bereich der Entwicklung von Innovationen einzugrenzen (Brockhoff, 1997: 37).

Die Grundlagenforschung dient der Gewinnung neuer Erkenntnisse ohne dabei auf eine spezielle Anwendung abzuzielen (Grupp, 1997: 13). Ein charakteristisches Merkmal ist die Unabhängigkeit von jeder äußeren Zielorientierung. Die angewandte Forschung kann ebenfalls durch die Gewinnung neuer Erkenntnisse charakterisiert werden. Jedoch steht hier die Zielorientierung in Bezug auf Forschungsergebnisse im Fokus der Untersuchung (Grupp, 1997: 13; Ermisch, 2007: 32). Hingegen zielt die Entwicklung auf den Aufbau von bereits bestehendem Wissen aus der Forschung oder Praxis ab (Kilian, 2003: 705). Ziel ist die Produktion oder Installation neuer Materialien, Produkte, Prozesse oder Dienstleistungen oder die Optimierung bestehender Prozesse, Produkte oder Dienstleistungen (Hauschildt, 2004: 25).

Grundsätzlich können zwei Formen von Innovationskooperationen unterschieden werden. Zum einen gibt es additive Kooperationen, bei denen etwas Neues geschaffen wird. Damit gemeint sind Sonderanfertigungen, die hinsichtlich interdisziplinären Wissens oder Kapitalanforderungen nicht alleine von einer Organisation bewältigt werden können. Die synergetische Kooperation hingegen zielt ab auf die Kombination von Ressourcen und Prozessen, um Kosten, Zeit und Effizienz zu optimieren (Dell, 2008: 7).

Innovationskooperationen zeichnen sich durch eine hohe Heterogenität der Beteiligten aus. Dies kann zu Schwierigkeiten z. B. bei fehlendem Kapital oder längeren Entscheidungswegen führen (Hahn, 2013: 18). Innovationskooperationen werden häufig in einer Art und Weise abgewickelt, dass Beteiligte ihre Selbständigkeit wahren können. Die Austauschverhältnisse sind nicht im Voraus fixiert, sondern kennzeichnen sich durch weniger feste Bindungen und hohe Flexibilität sowie Unsicherheit (Hahn, 2013: 18f). Lukas und Fritsch (2001: 310ff.) belegen, dass Unternehmen insbesondere dann Innovationskooperationen eingehen, wenn sie sehr innovativ, relativ groß und einen hohen Anteil an Entwicklungspersonal aufweisen.

3.2   Abgrenzung der Kooperationsformen

Ziel des folgenden Kapitels ist die Abgrenzung von Kooperationsformen in der kommunalen Energieversorgung, um einen Bezugsrahmen für die empirische Untersuchung abzuleiten. Eine Typologisierung von Kooperationsformen ist im Bereich der kommunalen Energieversorgung in wissenschaftlichen Untersuchungen bisher nicht berücksichtigt wurden. Allgemeine Hinweise zur Ableitung von interorganisationalen Kooperationsformen liefert Sydow (1999:83f.), der 26 verschiedene Typisierungen aufzeigt. Eine Ermittlung von verschiedenen Kooperationsformen und deren Dimensionen erfolgte anhand einer umfassenden Literaturanalyse.

Kooperationen können nach dem Internalisierungsgrad differenziert werden und in ein Markt-Hierarchie-Kontinuum eingeordnet werden. Als Markt ist dabei eine Form der Organisation von ökonomischen Handlungen zu verstehen, in der voneinander unabhängige Teilnehmer genau definierte Leistungen austauschen (Sydow, 1992: 98f.). Die Teilnehmer handeln dabei autonom und sind für ihren Erfolg selbst verantwortlich (Sydow, 1992: 98f.). Die Hierarchie hingegen beruht größtenteils auf offen formulierten und langfristigen Verträgen. Die ausgetauschten Leistungen sind dabei im Vergleich zum Markt unspezifischer und nicht definiert (Sydow, 1992: 98). Abbildung 10 veranschaulicht die Kooperationsformen der kommunalen Energieversorgung, die in das Kontinuum von Markt und Hierarchie eingeordnet und im Rahmen der Untersuchung abgegrenzt wurden.

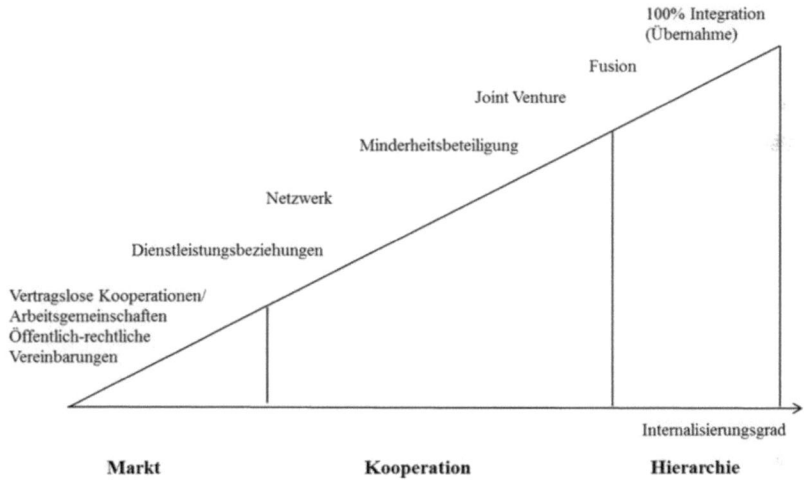

Quelle: In Anlehnung an Kabst, 2000: 16.

Abbildung 11: Markt-Hierarchie-Kontinuum

Vertragslose Kooperationen/ Arbeitsgemeinschaften: Arbeitsgemeinschaften enthalten vordergründig einen Wissenstransfer von Informationen. Zentrales Element dieser Gemeinschaft ist das Fehlen von verbindlichen Beschlüssen gegenüber Beteiligten oder externen Akteuren (Lenk und Rottmann, 2012: 209). Arbeitsgemeinschaften sind nicht Ziel dieser Untersuchung, da es in Anlehnung an die Kooperationsdefinition in Kapitel 3.1.2 oftmals an einer bewussten und organisierten Koordination fehlt.

Öffentlich-rechtliche Vereinbarung: Eine Zusammenarbeit mit der Träger-kommune existiert durch öffentlich-rechtliche Verwaltungsverträge, in denen

die Partner darauf ausgerichtet sind, bestimmte Tätigkeiten im Verbund aus-
zuführen (Lenk und Rottmann, 2012: 210). Da die Kommune kein Unternehmen, aber Träger des kommunalen Unternehmens ist, wird diese Form nicht
als Kooperation gewertet.

Dienstleistungsbeziehung: Unter einer Dienstleistungsbeziehung ist die Abgabe von Prozessen oder Tätigkeiten an Dienstleister im Rahmen von Verträgen
zu verstehen (Sander, 2011: 42). Im engeren Sinne ist eine Dienstleistungsbeziehung nicht als Kooperation zu verstehen, da die langfristig bewusste und
intensive Koordination fehlt. Im Bereich der Stadtwerke bestehen jedoch häufig langfristige Dienstleistungsbeziehungen zur Muttergesellschaft. Ein Beispiel liefern die Verträge über kaufmännische und allgemeine Verwaltungs-
aufgaben zwischen der Stadtwerke Bochum Holding und der Bochum Netz
GmbH. Vor dem Hintergrund dieser Thematik soll die Dienstleistungsbeziehung im weiteren Sinne als Kooperation verstanden werden.

Netzwerk: Unter einem Netzwerk sind im Rahmen dieser Arbeit Kooperationen mit einer hohen Anzahl von Partnern zu verstehen. Netzwerke können
sich sowohl über zahlreiche Unternehmensbereiche erstrecken, als auch
einzelne Unternehmensbereiche fokussieren. Ein Beispiel sind Einkaufsgesellschaften oder -gemeinschaften, die durch die Nachfragebündelung besse-
re Konditionen in der Beschaffung aushandeln können. Bei der Strom- und
Gasbeschaffung können die Kosten häufig deutlich reduziert werden.

Beteiligung: Minderheitsbeteiligungen haben sich in jüngerer Vergangenheit
zu einem wichtigen Faktor kommunaler Steuerungsaufgaben entwickelt
(Schwarting, 2000: 65f.). Seit der Liberalisierung der Märkte sind viele Kommunen gezwungen, strategische Partner für Ihre Unternehmen zu suchen, um
den Marktwert, aber auch die Steuerungsmöglichkeiten des Unternehmens zu
erhöhen. Jedoch ist anzumerken, dass beim Anteilsverkauf einer Kommune
neben operativen, auch ordnungspolitische Motive für die Bildung von Koope-

rationen existieren (Sander, 2011: 44). Eine Einordnung dieser Zusammenarbeit als Kooperationsform ist schwierig, da zum Teil ein einseitiger Ressourceneinsatz der Partner vorliegt (Sander, 2011: 44). Im Rahmen dieser Arbeit wird jedoch eine beidseitige Zusammenarbeit unterstellt, womit diese Zusammenarbeit auch als Kooperationsform bezeichnet wird.

Fusionen / Joint Ventures: Fusionen und Joint Ventures können als besondere Form der Kooperation betrachtet werden. Joint Venture beziehen sich auf einen bestimmten Bereich der Wertschöpfung ohne die rechtliche Selbständigkeit der Unternehmen zu verlieren. Eine Fusion ist als Extremform der Kooperation zu bezeichnen, bei der die Beteiligten zu mindestens vorübergehend ihre Selbstständigkeit aufgeben (Röber, 2012: 30). Sie kann nach Ansicht einiger Autoren als Kooperation bezeichnet werden, wenn die Selbständigkeit nur partiell in Segmenten der Kooperation zugunsten eines koordinativen Verhaltens aufgeben wird (Etter, 2003: 42). Im Rahmen der Energiewirtschaft nehmen insbesondere Joint Ventures eine hohe Bedeutung ein und sind im Rahmen dieser Arbeit als Kooperationsform zu verstehen (VKU, 2010: 6).

Die Richtung der Kooperation wird durch den betroffenen Bereich der Wertschöpfungskette der Partner bestimmt. Von einer horizontalen Kooperation wird gesprochen, wenn Unternehmen der gleichen Wertschöpfungsstufe einer Branche kooperieren. Dies wäre im Fall der kommunalen Energieversorgung dann der Fall, wenn Stadtwerke mit anderen Stadtwerken oder Energieversorgern eine Kooperation eingehen. Bei der vertikalen Kooperation kooperieren Unternehmen mit vor- oder nachgelagerter Wertschöpfungsstufen. Dies können in der Energieversorgung z. B. Lieferanten aber auch Kunden sein. Laterale Kooperationen zeichnen sich durch eine Wissenskombination unterschiedlicher Branchen aus. Dies könnte in der Energieversorgung unter anderem die Kooperation mit einem Telekommunikationsanbieter oder einer Universität sein (Michel, 2009: 19).

Nach der Bindungsart können formlose und vertragliche Kooperationen unterschieden werden. Formlosen Kooperationen mangelt es an vertraglichen Grundlagen und finanziellen Verflechtungen, da sie größtenteils aus mündlichen Absprachen bestehen. Oftmals können keine rechtlichen Ansprüche und Verpflichtungen geltend gemacht werden (Etter, 2003: 47). Eine wirtschaftliche Erfolgsbewertung erscheint schwierig, weshalb diese Bindungsart nicht Gegenstand der Untersuchung ist.

Betrachtet man den geografischen Bereich der Kooperation, lassen sich regionale, nationale und internationale Zusammenarbeiten unterscheiden (Abel, 1992: 104ff). Im Rahmen der regionalen Kooperation befindet sich die Kooperation in einem abgrenzten Bereich von Stadt, Landkreis oder Bundesland. Von nationaler Kooperation wird gesprochen, wenn im Rahmen eines Staates eine Kooperation eingegangen wird. Von einer internationalen Kooperation ist hingegen bei einer Kooperation über Staatsgrenzen hinweg zu sprechen. Im Rahmen der kommunalen Energieversorgung sind hauptsächlich regionale und nationale Kooperationen aufzufinden, eine internationale Kooperation ist jedoch nicht auszuschließen.

Innovationskooperationen werden zur Förderung von Innovationen und Forschung häufig finanziell unterstützt. In Deutschland beteiligen sich oftmals das Bundesministerium für Forschung und Bildung (BMBF), das Bundesministerium für Wirtschaft und Technologie (BMWi) oder das Bundesministerium für Umwelt und Naturschutz (BMU) an Kooperationsprojekten. Ein Beispiel ist die nationale Klimaschutzinitiative, mit der das BMU seit 2008 zahlreiche Aktivitäten gefördert hat, die einen Beitrag zur Erreichung der Klimaschutzziele leisten.

Die Anzahl der Kooperationspartner einer Kooperation verändert die Beziehungsqualität der Kooperation. Dyadische Beziehungen etwa weisen einen geringeren Komplexitäts- und Steuerungsaufwand auf als trilaterale oder sogar Netzwerkbeziehungen (Kutschker, 1994: 126). Gulati (1998: 293ff.) unterscheidet in seinem Modell der „Embeddedness" die Formen „Relational Embeddesness", die die Qualität und Tiefe einer Zweierbeziehung darstellt, sowie die „Structural Embeddesness", die die Zweierbeziehung und deren Verhältnis mit weiteren Beziehungen im Netzwerk zeigt. Grundlage dieser Aussage ist die Erkenntnis, dass die strukturelle Einbettung in ein Netzwerk die Zweierbeziehung stabilisiert. In dieser Arbeit wird unterschieden, ob 1 bis 2, 3 bis 4, 5 bis 10 oder sogar mehr als 10 Partner an der Kooperation beteiligt sind.

Die Branche und Wertschöpfung der Partnerunternehmung kann Einfluss auf die Steuerungs- und Kontrollintensität sowie den Kooperationserfolg nehmen. Im Rahmen dieser Untersuchung wurde erfragt, ob die beteiligten Kooperationspartner Stadtwerke, andere Energieversorgungsunternehmen, Zulieferer, Investoren, Universitäten/ Forschungseinrichtungen, Kunden oder Unternehmen anderer Branchen sind. Kooperationen können grundsätzlich in allen Wertschöpfungsstufen der Organisation stattfinden. Im Rahmen dieser Arbeit werden sowohl die konventionellen Wertschöpfungsstufen, als auch die neuen Wertschöpfungsstufen, die sich aufgrund der veränderten Rahmenbedingungen der Energiewirtschaft entwickelt haben, thematisiert.

Die Intensität der Zusammenarbeit ist ein weiteres Differenzierungsmerkmal von Kooperationen und kann sich auf verschiedene Weise zeigen. Strategische Zusammenarbeiten beinhalten häufig eine langfristige Orientierung, in der eine vorteilhafte Lage sowie die Durchführung eines Gesamtkonzeptes angestrebt wird (Ermisch, 2007: 19). Sie ist somit darauf ausgerichtet, langfristige Erfolgspotentiale gegenüber Dritten aufzubauen (Mellewigt, 2003: 10). Gerpott (1993: 36ff.) sieht in der operativen Zusammenarbeit eine kurzfristige Orientierung, da sie nicht zwingend auf die Erzielung von langfristigen Wettbewerbsvorteilen ausgerichtet ist.

Bei der Wahl des Kooperationspartners bietet es sich bei positiven Erfahrungen an, auf bisherige Partner zurückzugreifen. Nach der VKU Kooperationsstudie (2010: 6) befinden sich 84 Prozent der kommunalen Energieversorger in mindestens einer Kooperation. 67 Prozent der kommunalen Energieversorger wollen ihre bestehenden Kooperationen ausbauen und 63 Prozent planen den Kooperationsaufbau mit neuen Partnern (Wolf et al., 2008: 9). Ein besonderer Vorteil von vorherigen Partnererfahrungen liegt im gewonnen Vertrauen zwischen den Partnern.

Von der Unternehmensgröße kann ein Einfluss auf den Kooperations- und Unternehmenserfolg ausgehen (Mellewigt, 2003: 191). Die Unternehmensgröße wurde über die übliche Definition der Kleinstunternehmen sowie der kleinen und mittleren Unternehmen vorgenommen (BMWi, 2003: 1). Danach gelten Unternehmen mit weniger als zehn Mitarbeitern und Jahresumsatz oder Jahresbilanzsumme von höchstens 2 Mio. EUR als Kleinstunternehmen. Unternehmen mit weniger als 50 Mitarbeitern und einem Jahresumsatz oder einer Jahresbilanzsumme von höchstens 10 Mio. EUR sind als Kleinunternehmen zu bezeichnen. Unternehmen mit weniger als 250 Mitarbeitern und einem Jahresumsatz von höchstens 50 Mio. EUR gelten als mittlere Unternehmen. Größere Unternehmen haben mehr als 50 Mio. EUR Umsatz und 250 Mitarbeiter.

3.3   Ziele von Kooperationen

In der Kooperationsforschung existieren zahlreiche Ansätze zur Entstehung, Ausgestaltung und den Einflussfaktoren von Kooperationen (Child et al., 2005: 15). Um den Untersuchungsgegenstand zu konkretisieren sind im Rahmen einer Literaturanalyse Ziele von Kooperationen zu verdichten. Hierzu sind auch individuelle Ziele und Motive kommunaler Energieversorger zu berücksichtigen. Nach Barnekow (2009: 118) sind drei übergeordnete Ziele von Kooperationen in der Energiewirtschaft festzuhalten:

(1) Senkung der Investitionskosten und Finanzierungsrisiken: Durch die beschriebenen Konsequenzen der Marktliberalisierung werden Anreize gesetzt, in spezifischen Bereichen zu investieren. Um die energiepolitischen Ziele zu erreichen, müssen jedoch alleine in Deutschland in den nächsten Jahren mindestens 30 Mrd. EUR pro Jahr u.a. in erneuerbare Energien, konventionelle Kraftwerke, Netze, Speicher und energieeffiziente Gebäude investiert werden (Deutsche Bank, 2012: 1). Insbesondere bei kleineren Kommunen ist die Finanzierbarkeit vieler Großprojekte problematisch (Lenk und Rottmann, 2012: 209).

(2) Aufbau von zusätzlichem Know-how: Der zusätzliche Aufbau von Wissen ist aufgrund der steigenden Komplexität von Prozessen in der Energiewirtschaft essentiell für die zukünftige Wettbewerbsfähigkeit. Der Prozess der Beschaffung zeigt die zunehmenden Anforderungen an Energieversorger. Vor der Liberalisierung der Energiewirtschaft wurde der Energiebedarf durch langfristige Lieferverträge mit Vorlieferanten gedeckt. Heute hingegen steigt das Bedürfnis nach Unabhängigkeit und Alternativen, da neue Aufgabenbereiche wie Last-, Risiko- oder Portfoliomanagement zusätzliches Wissen erfordern (Sander, 2011: 52).

(3) Senkung von Transaktionskosten: Die Kostenorientierung ist ein zentraler Faktor der Wettbewerbsfähigkeit von Stadtwerken. Ein Beispiel für die Senkung von Transaktionskosten sind sogenannte Einkaufsgesellschaften. Hierzu schließen sich kommunale Energieversorger zusammen, um bei der gemeinschaftlichen Auftragsvergabe Kosten zu reduzieren oder Synergieeffekte bei den jeweiligen Verfahren und Abläufen zu erzielen. Vor dem Hintergrund der drei übergeordneten Ziele von Kooperationen konnten im Rahmen einer um-

fassenden Literaturanalyse weitere Ziele von Innovationskooperationen ermittelt werden. Tabelle 1 gibt einen Überblick über die unterschiedlichen Ziele.

Strategische Ziele	Monetäre Ziele	Technologische Ziele	Politisch/ rechtliche Ziele
Zugang zu neuen Märkten/ Erschließung neuer Geschäftsfelder/ Kundensegmente	Kostendegression durch Größenvorteile („Economies of Scale and Scope")	Zugang zu neuen technologischen Möglichkeiten	Umsetzung rechtlicher Vorgaben
Zugang zu Ressourcen	Langfristige Gewinnerzielung	Gemeinsame Entwicklung neuer Produkte, Dienstleistungen, Prozesse oder Geschäftsmodelle	Sicherung der politischen Interessen
Ausbau/ Verbesserung der strategischen Position	Erzielung höherer Rentabilität	Nutzung und Transfer des technologischen Wissens des Partners	Stärkung der kommunalen Unternehmen der Region zum Erhalt der Wertschöpfung
Reduktion der Wettbewerbsintensität	Ermöglichung einer umfangreichen Investition/ Risikominderung	Konzentration der eigenen Aktivitäten auf Kerntechnologie	
Steigerung Kundenzufriedenheit	Verringerung des Investitionsrisikos bei Eintritt in neuen Markt	Reduktion von Innovationszyklen durch Ressourcenbündelung	
Aufbau von Markteintrittsbarrieren	Kurzfristige Gewinnerzielung		
Imagegewinn			

Quelle: Eisele. 1995: 20.; Ermisch. 2007: 100f.; Royer, 2000, PricewaterhouseCoopers AG, 2011: 4f.; Deloitte und Touche GmbH Wirtschaftsprüfungsgesellschaft, 2012: 14f.; VKU, 2010: 2ff.

Tabelle 1: Ziele von Innovationskooperationen

3.4 Empirische Forschungsschwerpunkte und Defizite von Kooperationen

Parkhe (2006: 369) und Wolgemuth (2002: 2) erkennen eine deutliche Zu-
nahme an Veröffentlichungen und wissenschaftlichen Beiträgen im Rahmen
von Kooperationen. Parkhe (2006: 369) weist aber auch auf die „significant
knowledge gaps that stubbornly persist" hin, da nur wenige Fragestellungen
konkret beantwortet werden. Die wichtigsten Forschungsschwerpunkte sind:

- Ursache und Motive von Kooperationen
- Erfolgsfaktoren von Unternehmenskooperationen
- Nachweis steigender Anzahl von Kooperationen
- Wahl des Kooperationspartners (Mellewigt, 2003: 38; Ermisch, 2007: 47)

Kooperationen im Bereich der Energiewirtschaft sind ebenfalls eine steigende
Bedeutung beizumessen. So widmen sich auch das Bundeskartellamt (2011:
106f) und die Monopolkommission (2009: 177f.) in ihren Gutachten zu diesem
Thema. In einer weiterführenden Analyse über Kooperationen in der Energiewirtschaft unterscheidet Sander (2011: 38) drei verschiedene Beitrags- (A, B,
C) und Inhaltstypen (1, 2, 3). Die Analyse weist einen klaren Trend hinsichtlich
inhaltlich allgemeiner Beiträge über Kooperationen auf. Gleichzeitig zeigt sie
einen Mangel an differenzierten Analysen über Kooperationsformen und Ziele
(Typ 2) sowie Erfolg von Kooperationen (Typ 3).

		A	B	C
		Praxisbeiträge	Theoretische Beiträge	Empirische Beiträge
1	Allgemeine Bedeutung	25	5	18
2	Differenzierte Untersuchung über Formen und Ziele	6	1	4
3	Erfolg und Erfolgsfaktoren	4	0	7

Quelle: In Anlehnung an Sander, 2011: 38.

Tabelle 2: Anzahl Beiträge zu Kooperationen in der Energiebranche

Im Rahmen einer Literaturanalyse konnten allerdings weitere Arbeiten identifiziert werden, die weiterführende Analysen über Kooperationen in der Energiewirtschaft bieten:

- *Deloitte und Touche GmbH Wirtschaftsprüfungsgesellschaft (2012):* Im Rahmen dieser Beratungsstudie wird der Beitrag von Stadtwerken zur Energiewende thematisiert. Dazu werden die Zielsetzung und Ausgestaltung von Kooperationen kommunaler Energieversorgungsunternehmen im Bereich der erneuerbaren Energien untersucht.

- *VKU und YourSales (2010):* In einer aktualisierten Umfrage über die Perspektiven kommunaler Kooperationen im Energiesektor werden die möglichen Veränderungen bei der Bildung strategischer Kooperationen mit anderen Unternehmen aufgezeigt. Dabei greift die Studie auch Schlüsselfaktoren erfolgreicher Kooperationen auf und bewertet die Relevanz und das Potenzial einzelner Geschäftsfelder und Wertschöpfungsstufen.

Aus den wenigen wissenschaftlichen Beiträgen ergibt sich ein erhöhter Forschungsbedarf. Die große Anzahl an praxisorientierten Beiträgen zeigt jedoch die hohe Relevanz von Kooperationen in der Energiewirtschaft. Im Rahmen der Energiewirtschaft liefert lediglich der praktische Beitrag der Energieforen Leipzig GmbH (2012), erste Hinweise über die Bereitschaft zur Entwicklung von Innovationen. Die Studie stellt erste Ansatzpunkte vor, inwiefern Stadtwerke und Regionalversorger bereit sind, künftig Innovationen zu entwickeln. Eine weiterführende Analyse von Innovationskooperationen findet jedoch nicht statt.

Insgesamt lässt sich hinsichtlich der analysierten Literatur eine hohe Praxisrelevanz für den Untersuchungsgegenstand festmachen. Jedoch ist ein grundsätzlicher Mangel an systematischen Arbeiten über Ausgestaltung und Erfolg von Innovationskooperationen in der Energiewirtschaft festzustellen.

3.5   Zwischenfazit

Der politisch gewollte Ausbau der erneuerbaren Energien bietet hohes Potenzial für Stadtwerke, ihre Stärken der regionalen und dezentralen Aufstellung zu nutzen. Stadtwerke haben als lokal verankerte Unternehmen eine enge Bindung zu Kunden in ihrer Region. Insbesondere durch die Kenntnisse der kommunalen Wirtschaft, die Einbindung von Bürgern und das hohe Kundenvertrauen haben sie Wettbewerbsvorteile gegen überregionale Energieversorger. Durch den hohen Anteil an erneuerbaren Energien und KWK leisten Stadtwerke zusätzlich einen wichtigen Beitrag zur Erreichung der Klimaziele.

Durch die Ziele der Bundesregierung werden Stadtwerke jedoch weitere Investitionen tätigen müssen. Ein modernes Energiesystem mit der Einspeisung von erneuerbaren Energien erfordert Investitionen in Netze und Speicher sowie den Austausch alter Anlagen gegen neue moderne mit einer besseren Wirkungsweise ausgestattete Anlagen. Gleichzeitig werden neue Anforderungen an ein Stromsystem gestellt, zu denen neue Lösungsansätze definiert werden müssen. Die Speicherung von Strom gilt als zentrale technische und wirtschaftliche Herausforderung der Integration von erneuerbaren Energien.

Dies erfordert gleichzeitig einen enormen Forschungs- und Entwicklungsaufwand, um auch weiterhin eine stabile Stromversorgung zu gewährleisten.

Diese skizzierten komplexen Herausforderungen sind in der Regel nicht allein zu bewältigen. Durch die Einbindung eines Partners können Know-how gebündelt, Synergien geschaffen und Investitionskosten gesenkt werden. Vor diesem Hintergrund ist jedoch zu beachten, dass Stadtwerke aufgrund ihrer öffentlichen Funktion der Daseinsvorsorge und den entsprechenden rechtlichen und politischen Konsequenzen in ihrem unternehmerischen Freiheitsgrad eingeschränkt sind.

Hinsichtlich der Innovationsentwicklung lässt sich feststellen, dass Stadtwerke schon heute in verschiedenen Innovationsfeldern aktiv sind. Aufgrund der hohen politischen Ziele wie der Steigerung der Energieeffizienz in allen Verbrauchssektoren, dem weiteren Ausbau der erneuerbaren Energien und dem Ausbau und der Umgestaltung der Stromnetze werden Forschung und Entwicklung zu einem Schlüsselfaktor der zukünftigen Energieversorgung. Dabei ist häufig die Innovationsentwicklung als übergeordnetes Unternehmensziel verankert. Trotzdem ist die Institutionalisierung des Innovationsmanagements von Stadtwerken gegenwärtig noch sehr gering.

Im Rahmen dieser Arbeit werden die zukünftigen Herausforderungen von Stadtwerken, die Innovations- und Kooperationsentwicklung, empirisch untersucht. Damit soll ein Beitrag geleistet werden, das Kooperationsmanagement zur Entwicklung von Innovationen zu systematisieren. Im Rahmen der Untersuchung werden zentrale Treiber und Barrieren verschiedener Kooperationsformen identifiziert. Aufgrund der heterogenen Kooperationsstrukturen in der kommunalen Energieversorgung werden Kooperationstypen ermittelt, die auf ihren Erfolg geprüft werden. Ziel der Arbeit ist die Erfassung sämtlicher Treiber und Barrieren jedes Kooperationstyps, um konkrete Handlungsempfehlungen für kommunale Energieversorger ableiten zu können. Abbildung 12 veranschaulicht den Zusammenhang zwischen der Kooperationsform, den Treibern und Barrieren sowie dem Erfolg der Innovationskooperation.

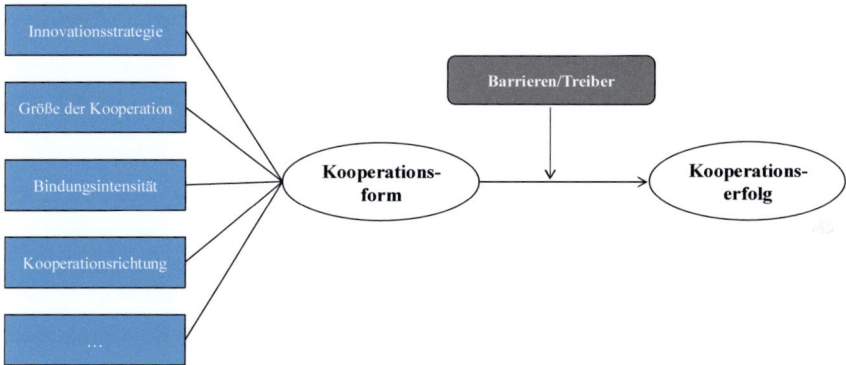

Abbildung 12: Modell der Untersuchung

4   Vorgehensweise und Methodik

Ziel des folgenden Kapitels ist die Vorstellung der methodischen Grundlagen und der Vorgehensweise der empirischen Untersuchung. Dies umfasst die Beschreibung des Forschungsdesigns, der Operationalisierung und der Datenerhebung und -analyse.

4.1   Forschungsdesign

Die Darstellung des Forschungsdesigns beinhaltet die Betrachtung der Art und Weise des Einsatzes von Forschungsinstrumenten. Um den Kooperationserfolg zu messen, wurde ein quantitatives Forschungsdesign gewählt. Die quantitativ empirische Sozialforschung versucht bestehende Theorien mit standardisierten Erhebungsinstrumenten zu bestätigen oder zu widerlegen (Mirow, 2009: 66). In der Beobachtung von Häufigkeiten und Verteilung sowie der Darstellung von Zusammenhängen ist die quantitative Forschung der qualitativen Forschung vorzuziehen (Flick, 2007: 41). Im Folgenden soll die Eignung der einzelnen Forschungsformen nicht allgemein, sondern im Kontext der Fragestellung dieser Arbeit diskutiert werden.

Das Laborexperiment ist im Rahmen dieser Arbeit nicht geeignet, da sowohl die Anzahl der Variablen, als auch die Abbildung von Kooperationen unter Laborbedingungen problematisch ist (Mellewigt, 2003: 149). Nach Amshoff (1993: 26) sind ebenfalls Feldexperiment und Aktionsforschung für diese Untersuchung nicht geeignet, da versuchsweise kontrollierte Veränderungen bzw. neue Faktoren eingeführt werden. Es wird angenommen, dass Stadtwerke im Rahmen dieser Studie nicht bereit sind, Kooperationsformen in dem Maße zu ändern, dass der Forscher Ursache-Wirkungsbeziehungen untersuchen kann.

Um zentrale Treiber und Barrieren unterschiedlicher Kooperationstypen zu identifizieren, ist eine möglichst hohe Anzahl von Innovationskooperationen zu untersuchen. Als passende Methode dieser Arbeit wird die Querschnittsanalyse betrachtet, da sie sowohl komplexe Zusammenhänge, als auch eine Berücksichtigung einer hohen Zahl von Innovationskooperationen ermöglicht (Mellewigt, 2003: 150). Der Nachteil der zeitlichen Begrenztheit der Ergebnisse bei der Querschnittsanalyse wird in Kauf genommen (Atteslander, 2006: 56).

	Ein Unternehmen	Mehrere Unternehmen
Ein Zeitpunkt	Fallstudie	Querschnittsanalyse
Mehrere Zeitpunkte	Singuläre Längsschnittanalyse	Multiple Längsschnittanalyse

Quelle: Kubicek, 1975: 57.

Tabelle 3: Empirische Forschungsansätze

4.2   Operationalisierung

Inhalt des folgenden Kapitels ist die Operationalisierung der Variablen. Unter einer Operationalisierung versteht man die „(…) Zuordnung von empirisch erfassbaren, zu beobachtenden oder zu erfragenden Indikatoren zu einem theoretischen Begriff. Durch Operationalisierung werden Messungen der durch einen Begriff bezeichneten empirischen Erscheinungen möglich" (Atteslander, 2000: 50).

4.2.1   Kooperationstypen

Im Rahmen einer umfassenden Literaturanalyse konnten verschiedene Parameter von Innovationskooperationen ermittelt werden (vgl. Kapitel 3.2). Dieser Bezugsrahmen dient als Grundlage zur Identifizierung von unterschiedlichen Kooperationstypen.

Parameter der Kooperationsform	Frage	Dimensionen			
Geografischer Bereich	3.4	Regional	National	International	
Kooperationsform	3.5	Fusion	Joint Venture	Beteiligung	Netzwerk	DL-Beziehung
Wertschöpfung/ Inhalt	3.7-3.8	Konventionelle Wertschöpfungsstufen		Neue Wertschöpfungsstufen	
Kenntnis über Partner	3.9	Erstkontakt		Wiederholter Kontakt	
Initiative der Kooperation	3.10	Eigene Initiative	Kooperationspartner	Gemeinsame Initiative	
Intensität der Kooperation	3.12-3.13	Strategische Zusammenarbeit		Operative Zusammenarbeit	
Partneranzahl	3.18	1-2	3-4	5-10	>10
Richtung der Kooperation	3.19	Horizontal		Vertikal	Lateral
Förderung	3.21	Mit Förderprogramm		Ohne Förderprogramm	
Innovationsarten	7.1	Produkt	Prozess	Organisation	Technologie
Innovationsumfang	7.4-7.7	Kosten	Risiko	Erweiterung von Wissen	Vollkommen neues Wissen
Anzahl Mitarbeiter	8.2	<10	10-49	50-250	>250

Tabelle 4: Bezugsrahmen zur Bildung von Kooperationstypen

Die bisherigen Ergebnisse zeigen, dass es sich bei den untersuchten Kooperationsformen keinesfalls um eine homogene Gruppe handelt. Um differenzierte Ableitungen für unterschiedliche Kooperationsformen vornehmen zu können, bietet es sich an, auf multivariate, strukturentdeckende Verfahren zurückzugreifen (Backhaus et al., 2006: 494). Eines dieser Verfahren ist eine Clusteranalyse, die darauf abzielt, die Unterschiede innerhalb von Gruppen (Cluster) möglichst gering, zwischen den Clustern jedoch möglichst groß zu halten (Bortz, 2005: 565). Ziel der Clusteranalyse ist die Ermittlung von Kooperationstypen, die sich hinsichtlich der Kooperationsform unterscheiden.

Die Durchführung einer Clusteranalyse wird anhand eines Ablaufplanes dargestellt, um die Überprüfbarkeit der Ergebnisse zu erleichtern (Backhaus et al., 2006: 492):

1. Bestimmung der Ähnlichkeiten
2. Auswahl des Fusionierungsalgorithmus
3. Bestimmung der Clusteranzahl

(1) Bestimmung der Ähnlichkeiten: Die Bestimmung der Ähnlichkeit setzt die Auswahl eines Proximitätsmaßes voraus, das Unterschiede oder Übereinstimmungen misst (Backhaus et al., 2006: 492). Bei gemischt skalierter Variablenstruktur schlägt Backhaus et al. (2006: 508) eine Transformation in ein niedrigeres Skalenniveau vor. Dazu wurden die metrisch skalierten Variablen in eine binäre Struktur (0,1) umgewandelt (Backhaus et al., 2006: 494). Zur Identifizierung von Distanzen zwischen Objekten mit binärer Variablenstruktur existieren zahlreiche Maßzahlen. Welches Ähnlichkeitsmaß in einer binären Struktur zu verwenden ist, ist nicht allgemeingültig zu ermitteln (Backhaus et al., 2006: 500). Im Rahmen dieser Arbeit wurde sich für das übliche Maß der euklidischen Distanz entschieden.

(2) Wahl eines Fusionierungsalgorithmus: Als Algorithmen lassen sich das partitionierende und das hierarchische Verfahren unterscheiden, wobei letzteres aufgrund der größeren Verbreitung in dieser Arbeit angewendet wird (Backhaus et al., 2006: 492). Um Verzerrungen zwischen den einzelnen gruppenbildenden Methoden vorzubeugen, wurde zunächst das Single-Linkage-Verfahren gewählt, um mögliche „Ausreißer" zu identifizieren (Backhaus et al. 2006: 516). Das Ziel dieser Clusteranalyse, möglichst homogene Cluster zu finden, kann jedoch mit dieser Methode nicht erreicht werden. Das resultierende Sample diente als Basis für den Einsatz des Complete-Linkage-Verfahrens, welches die größten Abstände zwischen den Objekten misst.

(3) Bestimmung der Clusteranzahl: Die Bestimmung der Clusteranzahl erfolgt anhand statistischer Kriterien (Backhaus et al., 2006: 534). Dies kann eine Zuordnungsübersicht oder ein Dendogramm sein (Backhaus et al., 2006: 535). Die Entscheidung auf eine bestimmte Clusteranzahl ist durch sachlogische Überlegungen zu unterstützen (Backhaus et al. 2006: 536).

Im Rahmen der Clusteranalyse konnten 67 Datensätze analysiert werden. Nach der Anwendung des Single-Linkage-Verfahrens konnten keine „Ausreißer" ermittelt werden, worauf mit dem Complete-Linkage-Verfahren fortgefahren wurde. Um die Clusteranzahl zu identifizieren, wurde auf die Zuordnungsübersicht der Clusteranalyse zurückgegriffen. Hier konnte eine „Sprungstelle" bei einer Anzahl von vier Clustern ermittelt werden.[5] Die Bestimmung der Clusteranzahl konnte durch die Auswertung des Dendogramms sowie weiteren inhaltlichen Überlegungen und Expertengesprächen mit einem Partner und Senior Manager von 67rockwell Consulting abgesichert werden. Im folgenden Abschnitt werden die erfassten Kooperationstypen vorgestellt. Tabelle 5 gibt einen Überblick über die charakteristischen Merkmale der vier Kooperationstypen.

---

[5] Vgl. Anhang 2.

	Einfache Partnerschaften	Komplexe Partnerschaften	Strategische Partnerschaften	Netzwerk Partnerschaften
Häufigkeit des Kooperationstyps				
Partner aus unterschiedlichen Branchen/ Wertschöpfungsstufen				
Geografische Reichweite				
Langfristigkeit der Zusammenarbeit				
Anzahl der Partner				
Integration konventioneller Wertschöpfungsstufen				
Integration neuer Wertschöpfungsstufen				
Entwicklung inkrementeller Innovationen				
Entwicklung radikaler Innovationen				
Investitionsumfang				

Tabelle 5: Kooperationstypen im Überblick

Cluster 1: „Einfache Partnerschaften"

Dieser Cluster fasst Dienstleistungsbeziehungen zusammen, die sich vor allem in kleinen Kooperationen mit einem oder zwei Partnern organisieren. Die Kooperationspartner werden vermehrt aus dem regionalen Umfeld gewählt. Vor allem Stadtwerke werden als Kooperationspartner gesucht. Im Vergleich zu den anderen Kooperationstypen lässt sich jedoch eine Tendenz der Wahl von Kooperationspartnern aus anderen Bereichen der Wertschöpfungsstufe wie Zulieferern und Finanzinvestoren feststellen. Die Intensität der Zusammenarbeit ist im Vergleich zu den anderen Kooperationstypen als gering zu bezeichnen. Ein Indiz dafür ist die geringere strategische und operative Zusammenarbeit in diesen Kooperationen. Weiterhin ist auch ersichtlich, dass die Kenntnis über den Partner relativ gering ist, da im Vergleich zu den anderen Kooperationen häufig neue Partner gewählt werden. In diesem Kooperationstyp sind häufig konventionelle Wertschöpfungsstufen Teil der Entwicklung von Innovationen. Neue Wertschöpfungsstufen hingegen haben eine geringere Relevanz. Die Innovationsarten weisen ein ausgeglichenes Bild auf. Sowohl Prozess-, Produkt-, Organisations- und Technologieinnovationen werden relativ gleich häufig entwickelt. Hinsichtlich des Innovationsumfangs zeigt sich eine klare Tendenz zur Erweiterung von Wissen. Dennoch hat auch ein großer Teil der Kooperationen die Identifizierung von neuem Wissen zum Ziel. Investitionskosten und Risiken sind jedoch relativ gering.

Cluster 2: „Komplexe Partnerschaften"

„Komplexe Partnerschaften zeichnen sich durch eine hohe nationale Orientierung aus, wodurch sich der Kooperationstyp von den anderen Formen deutlich unterscheidet. Er umfasst die Kooperationsarten Joint Venture und Fusionen. Ziel dieser Kooperationsvorhaben ist häufig die Erschließung von Kostensenkungspotentialen, um im Wettbewerb mit größeren Energieversorgern konkurrenzfähig zu bleiben. Der Kooperationstyp weist häufig dyadische Beziehungen oder nur wenige Partner auf. Partner der Kooperation sind insbesondere Stadtwerke, eine große Anzahl der Kooperationen beinhaltet jedoch auch andere Energieversorgungsunternehmen. Komplexe Partnerschaften haben einen hohen Schwierigkeitsgrad, da in den Kooperationen häufig über alle Wertschöpfungsstufen hinweg kooperiert wird. Damit sind wohl konventionelle als auch neue Wertschöpfungsstufen gemeint, womit dieser Typus sich deutlich von anderen Typen abhebt. Insgesamt ist von einer hohen Intensität der Zusammenarbeit auszugehen, da operativ und strategisch zusammengearbeitet wird. Hinsichtlich der Partnerkenntnis fällt auf, dass vermehrt Kooperationspartner gewählt werden, die im Voraus schon bekannt waren. In Betracht der Unternehmensgröße zeigt sich, dass häufig große bis mittelgroße Unternehmen diese Kooperationsform wählen. Im Bereich der Innovationsentwicklung werden alle Innovationsarten berücksichtigt. Jedoch zeigen die Ergebnisse, dass im Vergleich zu anderen Kooperationen höhere monetäre Investitionen getätigt werden müssen. Im Rahmen dieses Kooperationstypens geht es vermehrt um die Gewinnung neuer Erkenntnisse und weniger um die Erweiterung von bereits bestehendem Wissen.

Cluster 3: „Strategische Partnerschaften"

Der Kooperationstyp „Strategische Partnerschaften" beschreibt die Kooperationsform der Beteiligung. Im Rahmen dieser Kooperationsform werden größtenteils geringe Anteile an private Gesellschafter verkauft, um den Mehrheitseinfluss zu wahren. Im Gegensatz zu Fusionen bleibt in dieser Kooperation somit der Einfluss der Stadt bzw. der Kommune gesichert. Häufig werden bei diesen Anteilsverkäufen größere Verbundunternehmen, Regionalversorger und andere größere kommunale Energieversorgungsunternehmen in Betracht gezogen. Die Zielsetzungen dieser Kooperationen können sowohl finanziell, als auch strategisch begründet sein. Die Untersuchung weist jedoch vermehrt strategische Partnerschaften auf, da nur wenige reine Finanzinvestoren und viele Stadtwerke sowie andere Energieversorger an den Kooperationen beteiligt sind. In diesem Kooperationstyp wird eine regionale Zusammenarbeit bevorzugt. Dabei werden vermehrt kleine Kooperationen angestrebt, jedoch beinhaltet der Kooperationstyp auch große Beteiligungen mit mehr als 10 Partnern. Als Partner kommen vor allem Stadtwerke, aber auch häufig andere Energieversorgungsunternehmen in Frage. Hinsichtlich der Wertschöpfung fällt auf, dass alle Stufen integriert sind, jedoch insbesondere Vertrieb/ Marketing und Verteilung Gegenstand der Kooperationen sind. Auch

neue Wertschöpfungsstufen sind häufig Gegenstand dieser Kooperations-
form. Die Intensität der Zusammenarbeit ist ebenfalls als hoch zu bezeichnen.
Vor allem die ausgeprägte strategische Zusammenarbeit ist ein wesentliches
Merkmal dieses Kooperationstypus.

Cluster 4: „Netzwerk-Partnerschaften"
Kooperationsformen dieser Art werden in einem interorganisationalen Netzwerk durchgeführt. Der Kooperationstyp unterscheidet sich durch die hohe
Anzahl der Kooperationspartner grundlegend von anderen Kooperationen. Ein
Großteil dieser Kooperationen besteht mit mehr als 10 Partnern. Ein Beispiel
ist die Bildung von Einkaufsgesellschaften, in denen der gemeinsame Einkauf
von Strom oder Gas organisiert wird, um durch große Einkaufsmengen und
dem gebündelten Know-how günstige Konditionen auszuhandeln. Dies zeigt
sich insbesondere durch den hohen Untersuchungsanteil der Wertschöpfungsstufe „Beschaffung". Neue Wertschöpfungsstufen sind nur selten Teil
dieser Kooperationen. Dieser Kooperationstyp beinhaltet vor allem die Zusammenarbeit mit anderen Stadtwerken, jedoch fallen auch andere Kooperationspartner wie Universitäten und Kunden auf. Daraus schließt sich, dass
auch bereichsübergreifend kooperiert wird. Der Kooperationstyp zeichnet sich
durch eine geringe Intensität der Zusammenarbeit aus. Im Vergleich zu den
anderen Typen wird weniger operativ und strategisch zusammengearbeitet.
Die Partner dieses Kooperationstyps werden dabei ausschließlich aus dem
regionalen Umfeld gewählt. Hinsichtlich der Innovationsentwicklung zeigt sich
eine klare Tendenz zur Weiterentwicklung von bereits bestehendem Wissen.

4.2.2   Erfolgsmaße

Der Kooperationserfolg wird im Rahmen dieser Arbeit anhand von zwei Erfolgsmaßen operationalisiert, die im folgenden Abschnitt vorgestellt werden.
Als maßgebliches Erfolgsmaß wird die „Zufriedenheit mit der Kooperation"
gewählt. Aus verschiedenen Gründen wurde dazu ein weiteres Erfolgsmaß

berechnet. Zum einen können mehrere Erfolgsmaße die Robustheit der Ergebnisse erhöhen. Zum anderen hat sich in der gegenwärtigen Kooperationsforschung noch kein Konsens gefunden, wann von einer erfolgreichen Kooperation gesprochen werden kann (Lunnan und Haugland, 2007: 546f.). Dem-
zufolge ist bei der Erfolgsbewertung von Kooperationen von einer hohen
Komplexität auszugehen (Eisele, 1995: 85; Saxe, 2009: 68). Zwischen Unternehmen sind schwierige Zusammenhänge zu bewerten und Motive verschiedener Partner zu bewerten, die keinesfalls ausschließlich auf finanzielle
Kennzahlen zurückzuführen sind (Bucklin und Sengupta, 1993: 33). Einige
Partner wünschen sich durch die Kooperation den Zugang zu Know-how,
andere hingegen die Kostensenkung oder die Diversifizierung des Risikos. In
der kommunalen Energiewirtschaft besteht die zusätzliche Schwierigkeit, dass
Stadtwerke sich über ihren öffentlichen Auftrag auch an unprofitablen Bereichen, wie dem Aufbau oder Betrieb von Städtischen Bädern, beteiligen müssen (Barnekow, 2007: 231). Vor dem Hintergrund der dargestellten Schwierigkeiten der Erfolgsmessung sind zahlreiche Ansätze zur Erfolgsmessung
entwickelt wurden.

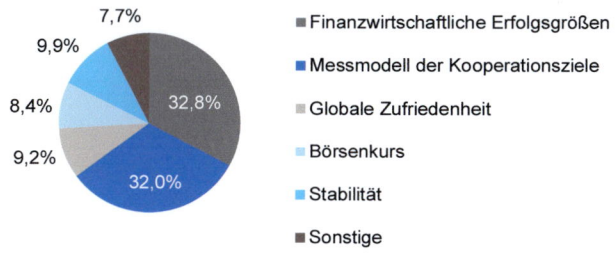

Quelle: Kolloge (2009), S. 18.[6]

Abbildung 13: Relative Häufigkeiten der Messebenen

---

[6] Die Untersuchung basiert auf der Untersuchung zahlreicher Journals wie Academy of Management Journal,Organization Science, Strategic Management Journal von 1994-2007.

Aufgrund der hohen Komplexität ist davon auszugehen, dass es sich beim Konstrukt Kooperationserfolg um eine hierarchische Faktorstruktur handelt (Schöger, 2006: 165). Für eine derartige Operationalisierung bietet sich eine konfirmatorische Faktorenanalyse zweiter Ordnung an (Fritz,1995: 146ff.). Dabei werden die einzelnen Indikatoren als manifeste Variable der jeweiligen Faktoren (Konstrukte erster Ordnung) abgebildet. Diese wiederum bilden die Grundlage für die nächste Hierarchiestufe, indem die latenten Variablen Basis für das mögliche latente Konstrukt sind (Konstrukte zweiter Ordnung) (Fritz, 1995: 146ff.). Diese Auffassung bietet den besonderen theoretischen Vorteil, eine ganzheitliche Abbildung von komplexen Phänomenen Rechnung zu tragen (Roznowsk und Hanisch, 1990: 361). Vor diesem Hintergrund wurde für den Kooperationserfolg auch ein Faktor zweiter Ordnung ermittelt, der sich an wirtschaftlichen Kennzahlen orientiert. Tabelle 5 veranschaulicht die Erfolgsmaße und deren Verwendung in der Untersuchung.

Erfolgsmaß	Faktor	Priorität
Zufriedenheit	1. Ordnung	Maßgeblich zur Analyse
Wirtschaftlicher Erfolg	2. Ordnung	Prüfung der Robustheit

Tabelle 6: Erfolgsmaße der Untersuchung

Um Zusammenhänge im Rahmen einer Faktorenanalyse sichtbar zu machen, sind zunächst die Zusammenhänge zwischen den Ausgangsvariablen zu ermitteln (Backhaus et al., 2006, 269). Dazu eignet sich eine Korrelations-matrix, in der sich erste Zusammenhänge erkennen lassen, die die Verdich-tung von Faktoren erleichtert (Backhaus et al., 2006: 269). Anhand des Kai-ser-Meyer-Olkin-Kriterium wurde eine in der Literatur häufig verwendete Prüf-größe zur Eignung einer Faktorenanalyse herangezogen. Die Prüfgröße, die als „measure of sampling adequacy" (MSA) bezeichnet wird, gibt den Umfang der Zusammenhänge zwischen den Ausgangsvariablen an (Backhaus et al.,

2006: 276). Anhand dieser Prüfgröße wurden Variablen ausgeschlossen, die einen MSA-Wert von < 0,5 haben.

Zur Wahl der Extraktionsmethode bestehen zwei grundlegende Verfahren: Die Hauptkomponenten- und die Hauptachsenanalyse. Im Rahmen dieser Arbeit soll eine Hauptkomponentenanalyse durchgeführt werden, die davon ausgeht „daß die Varianz einer Ausgangsvariablen vollständig durch die Extraktion von Faktoren erklärt werden kann (…)" (Backhaus et al., 2006: 291). Ziel der Methode ist die „Reproduktion der Datenstruktur" durch eine geringe Anzahl von Faktoren (Backhaus et al., 2006: 292). Ebenfalls ist zu beachten, dass im Rahmen der Hauptkomponentenanalyse keine Ursache der Zusammenhänge geklärt werden kann, sondern ein sogenannter „Sammelbegriff" auf die einen Faktor hoch ladenden Variablen gebildet wird (Backhaus et al., 2006: 298).

Nach der Extraktion der Faktoren ist die Anzahl der Faktoren zu bestimmen. Grundlegend ist dabei zu beachten, dass zur Faktorenanzahl keine expliziten Vorschriften bestehen (Backhaus et al., 2006: 291). Anhand von statistischen Kriterien wie dem Kaiser-Kriterium kann jedoch eine Annäherung erfolgen. Dies beinhaltet die Aussage, dass die Anzahl der extrahierenden Faktoren den gleichen Wert haben, wie die Anzahl der Faktoren mit einem Eigenwert größer als eins (Backhaus et al., 2006: 295). Der Screetest ist eine weitere, jedoch grafische Methode, die Faktoranzahl zu bestimmen. An der Stelle, wo die Differenz zwischen zwei Faktoren am größten ist, entsteht ein Knick („Elbow"), der auf die Anzahl der Faktoren schließen lässt (Backhaus et al., 2006: 296). Wie auch in der Mehrzahl empirischer Untersuchungen, wird das Kaiser-Kriterium als ausschlaggebend für die Faktorenanzahl bestimmt.[7] Zur Erleichterung der Faktorinterpretation wurde eine Varimax-Rotation durchgeführt. Im Rahmen dieser Arbeit wird der Argumentation von Backhaus et al.

---

[7] Vgl. Anhang 2 und 3.

(2006: 299) gefolgt, der ab einer Ladungshöhe von 0,5, eine Variable einem Faktor zuordnet.

Eines der gängigsten Verfahren zur Prüfung der internen Konsistenz (Reliabilität) ist der Koeffizient Cronbach Alpha.[8] Ein Wertebereich von Eins weist eine vollständige Reliabilität auf, aus dem Wert Null folgert sich keine Reliabilität. Ein Mindestwert in der Literatur ist umstritten, oftmals wird jedoch ein Mindestwert von 0,7 gefordert (Nunnally, 1978: 245ff.). Ist die Anzahl der Indikatoren jedoch geringer als vier, gilt als akzeptabler Wert von 0,6, bei weniger als 3 Indikatoren sogar ein Wert von 0,5 (Ohlwein, 1999: 220; Schögel, 2006:171).

Im Rahmen einer Diskriminanzanalyse soll die Frage beantwortet werden, ob sich die Gruppen bzw. Konstrukte signifikant hinsichtlich der Variablen unterscheiden (Backhaus et al., 2006: 156). Im vorliegenden Fall wird dazu die Prüfgröße Average Variance Extracted[9] (AVE) berechnet. Als Mindestanforderung an ein Konstrukt gilt, dass der Anteil der erklärten Varianz höher als der Anteil an unerklärter Varianz ist. Die durchschnittliche erfasste Varianz sollte mindestens 0,5 betragen (Fornell und Larcker, 1981: 46). Zur Bewertung der Güte wurden somit folgende Kriterien herangezogen (Backhaus et al., 2006: 269ff.):

- MSA   > 0,5
- Faktorextraktion (Kaiser-Kriterium)   Eigenwert > 1
- Faktorladung der Variablen   > 0,5
- Average Variance Extracted   > 50%
- Cronbachs alpha   0,5 – 0,7

---

[8] Dieses Kriterium stellt den „Mittelwert aller Korrelationen dar, die sich ergeben, wen die dem Faktor zugeordneten Indikatoren auf alle möglichen Arten in zwei Hälften geteilt und die Summen der jeweils resultierenden Variablenhälften anschließend miteinander korreliert werden" (Homburg et al., 2000: 358.)

[9] Durchschnittlich erfasste Varianz

Da es in der aktuellen wissenschaftlichen Diskussion keinen allgemeingülti-
gen Katalog an Beurteilungskriterien zur Güte von empirischen Untersuchungen gibt, sind auch keine generellen Schlussfolgerungen abzuleiten, wann ein
Modell abzulehnen ist (Fritz, 1995: 142f.; Schögel, 2006: 174). Vor diesem
Hintergrund bietet sich es nicht an, eine Modellannahme primär an der Erfüllung bestimmter Gütekriterien festzumachen. Aufgrund der Komplexität des
Modells werden somit die ermittelten Gütemaße durch inhaltliche Überlegungen unterstützt (Homburg und Baumgartner, 1995: 1101; Schögel, 2006:
174).

Ergebnisse der Faktorenanalyse

Die Anpassungsgüte des maßgeblichen Maßes „Zufriedenheit" ist als hoch zu
bezeichnen. Der MSA-Wert aller Items liegt bei >0,5.[10] Hinsichtlich der Faktorladung zeigt sich, dass alle Items auf einen Faktor laden. Das Cronbachs
Alpha weist einen Wert von 0,862 auf und liegt deutlich über dem geforderten
Wert von 0,7. Die durchschnittlich erfasste Varianz (AVE) liegt ebenfalls über
dem geforderten Wert von 0,5.

	Indikatoren	Frage	Faktor-ladung	Cron-bachs Alpha	Average Variance Extracted (AVE)
Zufriedenheit	Gesamtzufriedenheit	4.26	0,850	**0,862**	**0,71**
	Partnerzufriedenheit	4.27	0,907		
	Ergebniszufriedenheit	4.28	0,927		
	Eingang neuer Kooperation	4.29	0,662		

Tabelle 7: Erfolgsmaß „Zufriedenheit"

Erklärte Gesamtvarianz: 71,1 Prozent, Extraktionsmethode: Hauptkomponentenanalyse, Rotations-
methode: Varimax-Rotation

---

[10] Vgl. dazu auch Anhang 2

Um eine potenzielle Faktorstruktur für das zweite Erfolgsmaß „Wirtschaftlicher Erfolg" abzuleiten, wurden mehrere Faktorenanalysen durchgeführt. Anhand des MSA-Wertes konnten sechs Variablen ausgeschlossen werden, die sich nicht für eine Faktoranalyse eignen.[11] Das Ergebnis der Faktoranalyse ist eine Struktur, die fünf Faktoren extrahiert und insgesamt 65% der Ursprungsvarianz erklärt.[12]

---

[11] „Kundenzufriedenheit", „Zugang zu neuen Märkten", „Imagegewinn", „Kurzfristiger und langfristiger Gewinn" sowie „Gemeinsame Entwicklung neue Produkte".
[12] Vgl. dazu auch Anhang 3 der Teilergebnisse der Faktorenanalyse

Item	Frage	Faktor1	Faktor 2	Faktor 3	Faktor 4	Faktor 5
Ausbau strategischer Position	4.5					,706
Zugang zu Ressourcen	4.6					,816
Reduktion der Wettbewerbsintensität	4.7				,655	
Aufbau Markteintrittsbarrieren	4.10				,756	
Erzielung höherer Rentabilität	4.14			,765		
Verringerung des Investitionsrisikos	4.15		,669			
Risikominderung	4.16		,783			
Kostendegression	4.17			,655		
Zugang zu neuen technol. Möglichkeiten	4.18					
Transfer technologischen Wissens	4.20	,514				
Reduktion von Innovationszyklen	4.21	,620	,567			
Konzentration auf Kerntechnologien	4.22	,794				
Sicherung politischer Interessen	4.23				,560	
Umsetzung rechtlicher Vorgaben	4.24	,770				
Stärkung von kommunalen Unternehmen	4.25			,685		

Erklärte Gesamtvarianz: 65,1 Prozent, Extraktionsmethode: Hauptkomponentenanalyse, Rotationsmethode: Varimax-Rotation. Zu einer ausführlichen Darstellung siehe Anhang 3.

Tabelle 8: Rotierte Komponentenmatrix des wirtschaftlichen Erfolgs

Die Ergebnisse der Reliabilitätsanalyse weisen eine Spannweite der Cronbachs Alpha von 0,46 bis 0,862 auf. Vor diesem Hintergrund wurden Modifika-
tionen an der Itemstruktur vorgenommen und einige Items isoliert (vgl. Tabelle
8). Daraufhin wurde eine erneute Analyse durchgeführt, um die Anpassungen
nach der Modellierung zu prüfen (Schöger, 2006: 176). Folgende Anpassungen und Interpretationen wurden an den Faktoren 1. Ordnung vorgenommen:

- Faktor 1 („Technologie"): Die Variable „Reduktion von Innovations-
  zyklen durch Ressourcenbündelung" lädt auf Faktor 1 und 2 in etwa
  gleich hoch. Aufgrund von inhaltlichen Überlegungen wurde die Variable dem Faktor 1 zugeordnet, da sie wie „Transfer technologischen
  Wissens" oder „Konzentration auf Kerntechnologien" technologische
  Ziele umfasst. Ebenfalls wurde die Variable „Umsetzung rechtlicher
  Vorgaben" isoliert, um das Cronbachs Alpha zu erhöhen.

- Faktor 2 („Risiko"): Der Faktor enthält Kennzahlen, die sich auf die
  Vermeidung von Risiken beziehen.

- Faktor 3 („Monetär"): Dieser Faktor beinhaltet wirtschaftliche Kennzahlen mit der Ausrichtung auf monetäre Ziele. Der Faktor wurde um
  das Item „Zugang zu technologischen Möglichkeiten" bereinigt, da so
  der Cronbachs Alpha um 0,1 auf 0,46 erhöht werden konnte.

- Faktor 4 („Wettbewerb"): Dieser Faktor beinhaltet wirtschaftliche
  Kennzahlen, die sich auf die Wettbewerbsfähigkeit beziehen. Um
  den Cronbachs Alpha zu erhöhen, wurde der Faktor um das Item
  „Sicherung politischer Interessen" bereinigt.

- Faktor 5 („Ressourcen"): Dieser Faktor umfasst wirtschaftliche Kennzahlen mit einer Orientierung am Schutz und Zugang von Ressourcen.

Faktoren 1. Ordnung	Indikatoren	Frage	Faktorla-dung	Cron-bachs Alpha	Average Variance Extracted (AVE)
1. Technologie	Transfer technologischen Wissens	4.20	0,628	0,664	0,60
	Reduktion Innovationszyklen	4.21	0,833		
	Konzentration auf Kerntechnologien	4.22	0,765		
2. Risiko	Verringerung Investitionsrisiko	4.15	0,803	0,493	0,66
	Risikominderung	4.16	0,749		
3. Monetär	Erzielung höherer Rentabilität	4.14	0,745	0,464	0,65
	Kostendegression	4.17	0,749		
4. Wettbewerb	Reduktion Wettbewerbsintensität	4.7	0,682	0,567	0,69
	Aufbau Markteintrittsbarrieren	4.10	0,872		
5. Ressourcen	Aufbau strategischer Position	4.5	0,819	0,558	0,69
	Zugang zu Ressourcen	4.6	0,805		

Erklärte Gesamtvarianz: 71,1 Prozent, Extraktionsmethode: Hauptkomponentenanalyse, Rotations-methode: Varimax-Rotation

Tabelle 9: Ergebnis der Faktorenanalyse nach der Modellierung

Im Rahmen einer weiteren Faktorenanalyse konnten die Zusammenhänge zwischen den einzelnen Faktoren und dem Konstrukt Kooperationserfolg ermittelt werden. Dazu wurden die Konstrukte zweiter Ordnung „Technologie", „Risiko", „Wettbewerb", „Ressourcen" und „Monetär" in die Analyse einbezogen und auf den Kooperationserfolg untersucht.

Vorgehensweise und Methodik

Faktor 2. Ordnung	Faktoren	Faktorla- dung	Cronbachs Alpha	Average Variance Extracted (AVE)
Kooperationserfolg	Technologie	0,651	0,558	0,37
	Risiko	0,568		
	Monetär	0,462		
	Wettbewerb	0,679		
	Ressourcen	0,669		

Tabelle 10: Modell zweiter Ordnung

Insgesamt zeigt sich, dass die einzelnen Faktoren relativ hoch gegenüber dem Kooperationserfolg laden. Aufgrund der relativ geringen durchschnittlich erfassten Varianz, soll an dieser Stelle noch einmal erwähnt werden, dass dieses Maß lediglich als „Robustheit-Check" zu verstehen ist, um das maßgebliche Erfolgsmaß der „Zufriedenheit mit der Kooperation" zu überprüfen.

4.2.3 Treiber und Barrieren

Im folgenden Abschnitt werden zentrale Treiber und Barrieren von Innovationskooperationen vorgestellt. Hierzu wurden die Treiber und Barrieren in die Kategorien Kooperationsvoraussetzungen, Kooperationspartner, Kooperationsgestaltung und Rahmenbedingungen eingeordnet.[13]

(1) Kooperationsvoraussetzungen

Die Einbindung der beteiligten Personen und Gesellschafter ist bei der Bildung von Kooperationen zu berücksichtigen. Vor dem Hintergrund möglicher Mitarbeiterwiderstände sind einerseits die allgemeinen Widerstände hinsichtlich einem Status-quo-Denken und der Angst vor Kontrollverlust zu nennen. Auf der anderen Seite ist jedoch auch die Ambivalenz zwischen unbefriedig-

---

[13] Vgl. dazu Anhang 1, Fragebogen Teil 4

ten Bedürfnissen, Zielkonflikten und die Gefahr von unvorhersehbaren Risiken zu berücksichtigen (Shane et al., 1995: 931ff.). Eine positive Grundhaltung der Beteiligten in der Initiierungsphase kann demnach Konflikte abbauen.

Der Start einer Kooperation stellt jedoch nicht nur neue Anforderungen an Mitarbeiter sondern auch an die Unternehmensführung. Häufig sind auch interne Führungskräfte über eine genaue Zieldefinition, Potenziale der Kooperation und der Abgabe von Entscheidungskompetenz uneinig (Ermisch, 2007: 73f.). Vor dem Hintergrund der über einen längeren Zeitraum gewachsenen Geschäftsfelder sind die technischen und organisatorischen Schnittstellen bei der Kooperationsbildung zu erwähnen. Somit ist auch die strategische Einbindung des Kooperationsprojektes in die interne Zielplanung im Voraus zu planen. Im Rahmen von strategischen Kooperationen fehlen häufig detaillierte Kooperationspläne (Ermisch, 2007: 74). Dazu gehören unter anderem die Abgleichung der Kompatibilität von Kooperationszielen, Vorstellung über den Planungshorizont sowie die strategische Bedeutung der Kooperation (Bronder und Pritzl, 1992: 36ff.).

(2) Kooperationspartner

Aus Sicht der Agency-Theory beugt die wiederholte Wahl eines Kooperationspartners Zielkonflikte und Informationsasymmetrien zwischen dem Prinzipal (Auftraggeber) und dem Agenten (Auftragnehmer) vor. Der Agent verfügt über Handlungsspielräume die der Prinzipal nicht einsehen kann. Zudem existiert ein Informationsdefizit des Prinzipals, da er den Agenten nicht durchgängig beobachten kann (Eisenhardt, 1989: 57f.). Positive Erfahrungen mit Kooperationen können Auswirkungen auf den Kooperationserfolg nehmen. Huggins (2000: 112f.) belegt, dass Kooperationen durch Vertrauen aus vorherigen Kontakten erfolgreicher sind. Gulati (1995: 619f.) belegt eine kurvenlineare Verbindung zwischen der Anzahl bestehender Verbindungen und dem Eingang von neuen Verbindungen, aufgrund von gewonnenen Vertrauen.[14] Ein in

---

[14] Vgl. dazu Granowetter (1973)

der Literatur zentraler Erklärungsansatz zur Bildung von Kooperationen liefert
der ressourcenbasierte Ansatz, der eigene und Ressourcen des Partners als
Entscheidungskriterium definiert (Mellewigt, 2003: 108f.). Das und Teng
(2000: 34) fassen die Bildung von Kooperationen zusammen: „It is to aggre-
gate, share or exchange valuable resources with other firms when these resources cannot be efficiently obtained through market exchanges or mergers/
acquisitions (M&As)".

Yang et al. (1999: 105ff.) belegen den positiven Zusammenhang zwischen
Ressourcenkomplementarität und Erfolg von Allianzen. Teece (1992: 8f.)
argumentiert, dass komplementäre Ressourcen in Kooperationen essentiell
für die Kommerzialisierung einer Innovation sind. Zusätzlich weisen kompatib-
le Partner weniger Konflikte als unterschiedliche Partner auf (Doz, 1996:
55ff.). Sarkar et al (2001: 361f.) belegen einen höheren Allianzerfolg bei organisationaler Komplementarität hinsichtlich von Faktoren wie der Unternehmenskultur und der Führungsgrundsätze. Kale et al (2000: 217f.) betonen bei
kompatiblen Partnern eine geringe Konfliktwahrscheinlichkeit und höhere
Anpassungsfähigkeit.

(3) Kooperationsgestaltung
Der zusätzliche Aufbau von Wissen ist nur eine Seite der Medaille einer Kooperation. Auf der anderen Seite geht es auch darum Ressourcen zu schüt-
zen: „(...) strategic alliances may help retain those resources that are cur-
rently under-utilized, internally" (Das und Teng, 2000: 38). Vertrauen spielt
dabei eine wesentliche Rolle im Umgang mit Kooperationen. Vertrauen kenn-
zeichnet sich durch verschiedene Formen und Funktionen (Cullen et al., 2000:
225). Insbesondere bei hohen eigenen Vorleistungen und begrenztem Wissen
über den Partner ist Vertrauen für den Kooperationserfolg essentiell (Doz,
1996 55ff.). Gulati (1995: 619f.) belegt als relevante Funktion die Reduktion
von Transaktionskosten und geringeren Kontrollkosten.

Die Steuerung einer Kooperation beinhaltet die Gestaltung der Kommunikation. Nach Untersuchungen von Tushman und Katz (1980: 1070f.) hat die Häufigkeit der Kommunikation einen Einfluss auf die Projektperformance. Besondere Aufmerksamkeit erlangt dabei das unkodifizierte Wissen, das sich größtenteils nur im Rahmen von persönlichen Kontakten weitergeben lässt. Vor diesem Hintergrund gewinnen in der wissenschaftlichen Diskussion auch Informationsströme, sogenannte Spill-over, an Bedeutung. Dabei können ungewollte Spill-overs von sensiblem Wissen den Innovationserfolg verringern, während der koordinierte Wissensaustausch den Erfolg der Innovationskooperation fördert (Cassiman und Veugelers, 2002: 1169). In diesem Zusammenhang ist auch die Relevanz der Vertragsgestaltung zu diskutieren (Kropeit, 1998: 25f.). Cullen et al. (2000, 224ff.) belegen die hohe Bedeutung von Vertrauen, da es unmöglich erscheint jedes Detail im Rahmen von Verträgen abzusichern. Eine zu detaillierte Vertragsgestaltung kann sogar den Erfolg verringern (Håkansson, 1993: 284ff.). Im Rahmen der Diskussion über die Vertragsgestaltung ist auch die Abgrenzung von Verantwortlichkeiten und Kompetenzen zu erwähnen. In einer Zeit komplexer Organisationsstrukturen und Kooperationsverhältnisse verlaufen die Grenzen zwischen Verantwortlichkeiten und Kompetenzen von einzelnen Geschäftseinheiten untereinander, aber auch zwischen Kooperationspartnern fließend.

(4) Rahmenbedingungen

Vor dem Hintergrund der Mehrheitsverhältnisse von Stadtwerken sind kommunalen Anteilseigner in den Entscheidungsprozess einer Kooperationsbildung einzubeziehen. Auch wenn die Kommune die Kooperation grundsätzlich unterstützt, sind durch die komplexen Entscheidungsprozesse langanhaltende Entscheidungswege nicht auszuschließen (Sander, 2011: 129). Dies beinhaltet unter anderem auch die Einbindung von Aufsichtsrat und Betriebsrat.

Kooperations-voraussetzungen	Kooperations-partner	Kooperations-gestaltung	Rahmenbedin-gungen
Grundhaltung der beteiligten Personen und Gesellschafter in Ihrem Unternehmen	Kompatible Gesellschafter-struktur der Partner	Abstimmungsbedarf	Regulatorische/ gesetzliche Vorgaben
Bereitschaft Ihres Unternehmens Ent-scheidungskompetenz abzugeben	Fachlich kompetente Partner	Vertrag als Kooperations-grundlage	Einbindung des Betriebsrates
Detaillierte Planung der Kooperation und gemeinsame Festle-gung von Ziel der Kooperation	Komplementäre Ressourcen der Partner	Klare Funktion- und Kompetenzteilungen	Politische Lage
Einbettung des Kooperationsprojektes in die strategische Zielplanung	Organisationale Komplementarität (Kultur, Werte, Normen) der Partner	Gemeinsames Management und Controlling der Kooperation	
Gemeinsame Ziele der Partner	Konkurrenzsituation der Partner	Hohe Kommunikati-onshäufigkeit	
Gleiche strategische Bedeutung der Kooperation für Kooperationspartner	Gründliche Auswahl von passenden Kooperations-partnern	Vertrauensvoller Umgang	
	Erfahrung des Unternehmens mit Kooperationen und Partnern		

Quelle: Eisele. 1995: 20.; Ermisch. 2007: 100f.; Royer, 2000; PricewaterhouseCoopers AG, 2011: 4f.; Deloitte und Touche GmbH Wirtschaftsprüfungsgesellschaft, 2012: 14f.; VKU, 2010: 2ff.

Tabelle 11: Treiber und Barrieren des Kooperationserfolges

4.3   Datenerhebung

4.3.1   Aufbau des Fragebogens

Der Fragebogen gliedert sich in acht voneinander unabhängige Bereiche und 106 zu beantwortenden Teilfragen.[15] Teil 1 umfasst eine Einführung in die Fragebogenstruktur sowie die Sicherstellung der Vertraulichkeit der Untersuchung. Die zuvor durch einen Pretest überprüfte Dauer des Fragebogens wird auf 15 Minuten fixiert, damit die Befragten ein Zeitfenster einplanen können.

Teil 2 beinhaltet die Eingrenzung des Untersuchungsgegenstandes, um eine höhere Vergleichbarkeit und Auswertbarkeit der Daten zu gewährleisten. Die systematische Verdichtung auf den beschriebenen Untersuchungsgegenstand ergab sich durch einen durchgeführten Pretest mit zwei Experten des Verbands kommunaler Unternehmen und einem Pretest mit einem Geschäftsführer eines Stadtwerkes. Auf Basis der Gespräche sollte eine Kooperation bewertet werden,

- die abgeschlossen ist oder schon mindestens ein Jahr existiert,
- die gemeinsam mit mindestens einem Partner oder im Netzwerk besteht,
- die eine formalisierte Struktur besitzt (keine Arbeitsgemeinschaften)
- die es bevorzugt zum Ziel hat eine Innovation zu entwickeln.

Um den Erfolg einer Kooperation aussagekräftig bewerten zu können, wurde der Gegenstand der Untersuchung auf abgeschlossene Kooperationen begrenzt. Eine Erweiterung um mindestens ein Jahr existierende Kooperationen wurde aufgrund der größtenteils langfristigen Orientierung von Kooperationen in der kommunalen Energieversorgung vorgenommen. Um von intra-organisationalen Kooperationen abzugrenzen, wurden ausschließlich Kooperationen mit mindestens einem Partner betrachtet. Um den Kooperationsge-

---

[15] Vgl. dazu Anhang 1

genstand von formlosen Absprachen und Arbeitsgemeinschaften abzugrenzen, wurde der Untersuchungsgegenstand auf formalisierte Kooperationen
eingegrenzt. Um den Fokus der Kooperation auf die Entwicklung von Innovationen zu legen, wurden die Teilnehmer gebeten, bevorzugt Kooperationen
zur Entwicklung von Innovationen zu bewerten.

Teil 3 des Fragebogens umfasst die Charakteristik der Kooperation. In diesem
Bereich werden wesentliche Elemente und Ausprägungen der Kooperationsform wie Dauer, Richtung, Wertschöpfungsstufe, Form und dem geografischen Bereich der Kooperation abgefragt.

Teil 4 und 5 des Fragebogens umfassen die Fragen zum Erfolg der Koopera-
tion. Dazu wurde zunächst die Relevanz und Zielerreichung der angegeben
Kooperationsziele abgefragt. Daraufhin wurden die Unternehmen gebeten, die
Zufriedenheit mit der Kooperation zu bewerten.

Teil 6 ist in vier Kategorien gegliedert und untersucht die zentralen Treiber
und Barrieren von Innovationskooperationen. Teil 7 fordert die Befragten auf,
den Innovationsgegenstand der Kooperation zu bewerten. Dazu werden Informationen über die Innovationsart und Innovationsumfang abgefragt. Der
abschließende 8. Teil enthält Hintergrundfragen zum Interviewpartner und
Unternehmen.

4.3.2   Maßnahmen zur Verbesserung der Rücklaufquote

Der Fragebogen legt neben dem Inhalt, der Anzahl und Reihenfolge auch die
sprachlichen Formulierungen der Fragen fest (Atteslander und Kopp, 1995:
153). Die prinzipiell fehlende Rückfragemöglichkeit und der daraus resultierenden fehlenden Beseitigung von Unklarheiten bezeichnet Mellewigt (2003:
163) als „Kommunikationsproblem". Vor diesem Hintergrund wurde auf Frage-
formulierungen und Skalen zurückgegriffen, die sich in vorherigen Studien

bewährt hatten (Mellewigt, 2003: 163). Weitere grundlegende Regeln der Fragebogenformulierung wie die Übersichtlichkeit und Klarheit der Fragen wurden ebenfalls berücksichtigt.

Das Rücklauf- bzw. Repräsentanzproblem gilt als zweites zentrales Problem von Online-Befragungen (Amshoff, 1993: 31). Die schwache Rücklaufquote dieser Befragungsform kann zu Verzerrungen des entwickelten Stichprobendesigns und somit zur mangelnden Repräsentativität führen (Fritz, 1992: 96f.). Im Rahmen dieser Untersuchung wurden folgende Maßnahmen ergriffen, um die Repräsentativität zu erhöhen:

Maßnahme	Umsetzung
Anonymität und Vertraulichkeit	• Schaffung von Vertrauen durch Sicherstellung der Anonymität der Daten
Anschreiben	• Gemeinsames Anschreiben des Verbandes kommunaler Unternehmen, der Universität Kiel und der 67rockwell Consulting GmbH • Personalisiertes Anschreiben an Geschäftsführer der Stadtwerke
Fragebogen	• Begrenzung des Fragebogens auf 8 Seiten • Angabe einer Kontaktperson für Rückfragen • Abgrenzung des Untersuchungsgegenstandes
Rücksendung	• Online durch ein erstelltes Internetportal • Antwort per Fax • Antwort per E-Mail • Antwort auf dem Postweg
Motivation	• Bericht über Ergebnisse der Untersuchung
Erinnerung	• Telefonische Erinnerung • Zweimalige elektronische Erinnerung

Quelle: In Anlehnung an Sander, 2011: 157.

Tabelle 12: Ergriffene Maßnahmen zur Verbesserung der Rücklaufquote

4.3.3   Datenerhebungsmethode

Im Rahmen der Untersuchung wurde die Primärforschung der Sekundärforschung vorgezogen. Bei der Primärforschung wird neues Datenmaterial für die Untersuchung erhoben und ausgewertet. Bei der Sekundärforschung wird hingegen bereits vorhandenes Datenmaterial intern oder extern ausgewertet. Die Sekundärforschung bringt einen Zeit- und Ressourcenvorteil mit sich, womit Variablen und Stichprobenumfang deutlich erhöht werden können. Eine Nutzbarkeit ist jedoch nur unter bestimmten Anforderungen an das Datenmaterial sinnvoll (Friedrichs, 1990: 354f.).

- Existenz der Daten: Daten müssen existieren
- Zugänglichkeit der Daten: Die Daten müssen dem Forscher zur Verfügung stehen
- Qualität der Daten: Die Qualität der Daten muss methodisch und qualitativ den Anforderungen des Forschers und des Forschungsvorhaben entsprechen

Aufgrund mangelnder wissenschaftlicher Untersuchungen über Stadtwerke-Kooperationen im Bereich der Innovationsentwicklung ist eine Sekundärforschung kaum möglich. Zudem ist davon auszugehen, dass Innovationskooperationen hohe strategische Bedeutung haben und Stadtwerke nur eingeschränkt öffentliche Auskunft über Innovationsprojekte geben. In dieser Untersuchung wurde somit eine Primärforschung durchgeführt.

Als Medium der Primärforschung wurde ein webbasierter Fragebogen entwickelt, der auf dem Server eines Providers online ausgefüllt werden konnte. Ebenfalls bestand die Möglichkeit den Fragebogen mittels einer E-Mail oder per Post zurückzusenden. Aufgrund der Tatsache, dass der Fragebogen ausschließlich geschlossene Fragen beinhaltet, lässt sich die Methode als standardisiert klassifizieren.

Onlinebefragungen weisen den Vorteil geringer Erhebungskosten sowie einer schnellen Verfügbarkeit der Daten auf (Atteslander, 2006: 156). Dieser Aspekt kommt insbesondere dann zum Tragen, wenn eine hohe geografische Tragweite der Befragung vorhanden ist und ein großer Stichprobenumfang benötigt wird (Friedrichs, 1985: 237). Bei einer Online-Befragung kann ebenfalls eine Beeinflussung durch den Interviewer ausgeschlossen werden (Eisele, 1995: 61). Der zentrale Nachteil entsteht durch die unkontrollierte Erhebungssituation, da nicht sichergestellt werden kann, dass der Befragte die Antworten selbst gibt. Zudem können unklare Antworten weder hinterfragt noch die Komplexität durch Rückfragen gemindert werden. Online-Befragungen weisen eine erhöhte Unverbindlichkeit von Anfragen auf, weshalb geringere Rücklaufquoten nicht auszuschließen sind (Schnell et al., 2005: 385). Andere Studien hingegen belegen, dass Rücklaufquoten von Online-Befragungen und schriftlichen Befragungen keine Unterschiede aufweisen (Welker et al., 2005: 69). Als Kommunikationsform wurde ein stark strukturierter Fragebogen bevorzugt, der eine Vergleichbarkeit und quantitative Auswertung der Daten erleichtert.

Die über die Online-Befragung erhobenen Variablen wurden mit Rating-Skalen erfasst. Die geeignete Anzahl der Stufen für die Rating-Skala wird in der Literatur kontrovers diskutiert (Mellewigt, 2003: 193). Eine der am häufigsten verwendeten Skalen ist die fünfstufige Rating-Skala (Bortz, 1984: 123f.). Vor diesem Hintergrund wurde in dieser Untersuchung ebenfalls eine fünfstufige Rating-Skala verwendet. Das Messniveau von Ratingskalen wird von einigen Autoren als ordinal, von anderen als metrisch eingestuft. Eine wiederholte Diskussion dieser Thematik, soll jedoch im Rahmen dieser Arbeit unterbleiben.

4.3.4 Vorgehensweise der Befragung

Die Ergebnisse der vorliegenden empirischen Untersuchung wurden durch eine schriftliche Befragung im Zeitraum von Juli 2013 bis September 2013 gewonnen. Die Vorgehensweise der Datenerhebung folgte einem mehrstufigen Prozess, wobei besonderer Fokus darauf gelegt wurde, die dargestellten Probleme von Online-Befragungen zu minimieren. Vorab der Befragung der Stadtwerke wurden 2 explorative Interviews mit Senior Managern der 67rockwell Consulting GmbH geführt, die langjährige Erfahrung in großen Energieversorgungsunternehmen besitzen. Ebenfalls wurden Interviews mit Experten des Verbands kommunaler Unternehmen geführt, die über umfassende Kenntnisse im Bereich der kommunalen Energieversorgung verfügen. Damit konnte sichergestellt werden, dass der in der Theorie abgeleitete Untersuchungsgegenstand auch auf Relevanz in der Energiewirtschaft zutrifft. Ebenfalls konnte gewährleistet werden, dass unwesentliche Elemente eliminiert und relevante Faktoren im Rahmen der Untersuchung nicht vernachlässigt wurden.

Nach der Konzipierung des Fragebogens wurden für einen Pre-Test ein Senior Manager der 67rockwell Consulting GmbH sowie ein Geschäftsführer eines Stadtwerkes herangezogen. Der Pretest sollte 1% der geplanten Stichprobe entsprechen, was erfüllt werden konnte (Friedrichs, 1985: 245). Dieser Test diente dazu, dass richtige Verständnis der Fragen sicherzustellen sowie die Dauer der Befragung und den Effekt der Frageanordnung zu prüfen (Schnell et al., 2005: 347). Daraufhin wurden einzelne Fragen ergänzt, eliminiert oder angepasst.

In der ersten Befragungsrunde im Juli 2013 wurde den Geschäftsführern der Stadtwerke der Fragebogen online zugesandt. Die Auswahl der Stadtwerke erfolgte durch eine zufällige Stichprobe. Der Zeitraum für die Beantwortung der Fragen wurde zunächst auf vier Wochen festgelegt. In einer zweiten Be-

fragungsrunde im August 2013 wurden alle bisher nicht teilnehmenden Stadtwerke telefonisch angesprochen. In der letzten Befragungsrunde im September 2013 wurde allen Stadtwerken, die keine Ablehnung signalisierten, ein
weiteres Erinnerungsschreiben zugesandt. Durch die telefonische Erinnerung
und Ankündigung des Fragebogenversandes konnten Rückfragen zu Proble-
men beim Fragebogen geklärt werden. Ebenfalls konnte das Vertrauen in die
Studie und die Bekanntgabe vertraulicher Informationen gestärkt werden. Von
den 508 kommunalen Energieversorgern reagierten nach dem Versand der
ersten schriftlichen Ansprache 55 Unternehmen. Nach der telefonischen Ab-
frage reagierten weitere 57 Unternehmen mit einem Rückschreiben. Im letzten Erinnerungsschreiben konnten nochmals 20 weitere Antworten gewonnen
werden. Insgesamt reagierten 132 Unternehmen mit einem Rückschreiben
was einer Reaktionsquote von 26,2 Prozent entspricht. Aus Urlaubs-, Krank-
heits- und Zeitgründen sagten 16 Unternehmen der Befragung ab. 34 Unternehmen gaben an, dass keine Kooperation in der entsprechenden Form vorliegt oder kein Interesse an einer Teilnahme besteht. Den ausgefüllten Fragebogen sendeten 82 Unternehmen zurück, was einer Rücklaufquote von 16,14
Prozent entspricht und als überdurchschnittlich anzusehen ist.

Durch die in Kapitel 2.1 angeführte Definition eines kommunalen Energieversorgers werden ausschließlich Stadtwerke untersucht, die im Bereich der
Energieversorgung mit den Sparten Elektrizität und/ oder Gas aktiv sind. 93
Prozent der Befragten besitzen eine Strom- und 91 Prozent eine Gassparte.
61 Prozent der Befragten sind vollständig im kommunalen Besitz, 36 Prozent
dagegen mehrheitlich kommunal. Zwei Unternehmen sind in mehrheitlich
privatem Besitz und wurden aus der Untersuchung ausgeschlossen, da sie
nicht der Definition eines kommunalen Energieversorgers entsprechen. Der
Untersuchung liegt somit eine effektive Stichprobe von 80 Fragebögen vor.
Alle Personen wurden im Fragebogen zu ihrer Position im Unternehmen befragt. Aufgrund der persönlichen Adressierung sind insbesondere Geschäftsführer Teilnehmer der Untersuchung.

Abbildung 14: Position der Befragten

Von den 80 Kooperationen wurden 68 zur Entwicklung von Innovationen gebildet. Aufgrund von fehlenden Werten mussten drei weitere Kooperationen aus der Untersuchung ausgeschlossen werden, womit insgesamt 65 Innovationskooperationen analysiert werden konnten.

4.3.5 Beurteilung des Erhebungsinstruments

Die Beurteilung der empirischen Untersuchung erfolgt anhand der Kriterien Objektivität, Reliabilität und Validität, die im folgenden Abschnitt vorgestellt werden (Mellewigt, 2003: 167; Sander, 2011: 104f.). Diese Kriterien beziehen sich grundsätzlich auf die Beurteilung der Qualität einer Datenerhebung. Im Rahmen dieser Arbeit wurden sie größtenteils genutzt, um den Erfolg der Kooperation zu beurteilen.

Objektivität
Unter Objektivität ist der Grad zu verstehen, indem die Untersuchungsergebnisse eines Tests unabhängig vom Untersucher sind. Im Falle der Objektivität sind die Messungen reproduzierbar und Voraussetzung für Reliabilität und Validität (Matiaske, 1992: 157). In der Literatur werden Durchführungs-, Auswertungs-, und Intepretationsobjektivität unterschieden. Unter Durchführungsobjektivität versteht man den Grad, in dem die Ergebnisse unabhängig vom Untersucher und Untersuchungsgegenstand sind (Mellewigt, 2003: 168; Er-

misch, 2007: 120). Aufgrund des standardisierten Fragebogens und des Feh-
lens eines Interviewers kann von einer hohen Durchführungsobjektivität ausgegangen werden. Die Auswertungsobjektivität bezeichnet den Grad der
Unabhängigkeit der Ergebnisse vom Auswerter (Matiaske, 1992: 157). Nach
Matiaske (1992: 157) wird die Auswertungsobjektivität durch den Standardi-
sierungsgrad des Messinstruments festgelegt. In der vorliegenden Untersuchung wurden fast ausschließlich geschlossene Fragen mit Rating-Skalen
genutzt. Daher kann von einer hohen Auswertungsobjektivität gesprochen
werden. Unter Interpretationsobjektivität ist das Ausmaß zu verstehen, indem
die Ergebnisse unabhängig vom Interpretierenden sind (Heidenreich, 1987:
364). In einem standardisierten Fragebogen ist auch diese Objektivitätsart
gegeben.

Reliabilität

Unter Reliabilität oder Zuverlässigkeit ist der Grad zu verstehen, bei dem auch
bei wiederholter Messung eines Objektes mit einem Messinstrument die gleichen Ergebnisse geliefert werden (Schnell et al., 2005: 151). Eines der gängigsten Verfahren zur Prüfung der internen Konsistenz ist der Koeffizient
Cronbachs Alpha. In einem Fragebogen kann Reliabilität zum Teil durch Kontrollfragen oder durch die Wiederholung von Fragen gewährleistet werden
(Heidenreich, 1995: 355f.) Im Fragebogen wurden mehrere Kontrollfragen
eingebaut.[16] Im Rahmen der Operationalisierung der Erfolgsmaße wurde
jeweils das Cronbachs Alpha ermittelt.

Validität

Das dritte Gütekriterium ist die Validität, die das Ausmaß der Genauigkeit
anzeigt, mit dem das zu messende Merkmal tatsächlich gemessen wird (Lienert, 1989: 16). Es können verschiedene Arten der Validität unterschieden
werden. Eine Externe Validität ist gegeben, wenn Ergebnisse der Untersu-

---

[16] Vgl. dazu Anhang 1, Frage 6.4 und 6.10

chung verallgemeinert werden können (Balderjahn, 2003: 134). Dies beinhaltet die Überprüfung der Übertragung von Ergebnissen der Stichprobe auf die
Grundgesamtheit anhand von drei Kriterien. Zunächst ist festzustellen, ob die
in der Stichprobe enthaltenen kommunalen Energieversorger für die Grundgesamtheit repräsentativ sind. Ein zentrales Problem der externen Validität
wird durch sogenannte Non-Response Bias (Schweigeverzerrung) verursacht
(Klarmann, 2008: 281ff.). Ein Non-Response Bias wäre z. B. dann existent,
wenn nur Unternehmen mit einer erfolgreichen Kooperation an der Untersuchung teilnehmen würden (Sander, 2011: 160). Diese Verzerrung ist nicht
direkt messbar, die empirische Untersuchung weist jedoch auch weniger
erfolgreiche Kooperationen auf. Ein weiteres oft auftretendes Non-Response
Bias ist das sogenannte Item-Non Response (Stichprobenausfall), das auftritt,
wenn Befragte Angaben auslassen aus Gründen von Unwissenheit, Unver-
ständlichkeit oder Vertrauensproblemen. Die Gefahr von Item-Non Response
wurde im Rahmen dieser Arbeit durch einen Pre-Test minimiert.

Die interne Validität zeichnet sich dadurch aus, dass Veränderungen der
abhängigen Variablen eindeutig auf Veränderungen der unabhängigen Variablen zurückführen sind (Klarmann, 2008: 281ff.). Ein zentrales Problem der
internen Validität sind sogenannte Key-Informant-Bias, die durch die Befragung von lediglich einer Personen des Unternehmens auftreten kann, wenn
Unwissenheit oder persönliche Betroffenheit der Befragten vorliegt (Klarmann,
2008: 281ff.). Aufgrund der größtenteils direkten Befragung der Geschäftsführung können Key-Informant-Bias reduziert werden, jedoch nicht vollständig
ausgeschlossen werden. Die Befragung von mehreren Personen in einem
Unternehmen ist aufgrund der in Frage kommenden Personen bei kleinen
Stadtwerken schwer möglich (Sander, 2011: 163).

4.4   Datenanalyse

Die Datenanalyse beinhaltet sowohl deskriptiv statistische Methoden als auch eine Korrelationsanalyse zur Darstellung von weiterführenden Zusammenhängen. Anhand von deskriptiv statistischen Methoden kann eine erste Visualisierung der vorhandenen Daten erfolgen. Dabei sollen wesentliche Informationen herausgefiltert und Daten reduziert werden, um einen besseren Überblick über die Daten zu bekommen (Raab-Steiner, 2012: 84). Ziel ist dabei die Gewinnung eines generellen Überblicks über die Strukturen und Erfolg der Kooperationstypen. Anhand von Häufigkeitstabellen werden die Kooperationstypen hinsichtlich ihrer absoluten und prozentualen Anzahl verschiedener Strukturelemente betrachtet.

Um die Stärke des Zusammenhangs zwischen Treiber und Barrieren und den jeweiligen Kooperationstypen zu bestimmen, kann ein Korrelationskoeffizient berechnet werden. Je nach Skalenniveau der Daten und der Verteilungsform kommen verschiedene Korrelationsarten in Betracht. Die Durchführung von standardisierten Signifikanztests über den Produkt-Moment-Korrelationskoeffizienten (Pearson-Korrelationskoeffizienten) verlangt eine Normalverteilung der Variablen. Aufgrund der Abweichungen der Variablen von der Normalverteilung muss im Rahmen dieser Arbeit auf den Rangkorrelationskoeffizienten nach Spearman zurückgegriffen werden (Raab-Steiner, 2012: 140). Dieser setzt im Vergleich zum Korrelationskoeffizienten nach Pearson keinen linearen Zusammenhang zwischen den Variablen voraus und ist darüber hinaus robust gegenüber „Ausreißern" (Raab-Steiner, 2012: 142f.).

Je größer der Betrag des Korrelationskoeffizienten, umso stärker ist der beobachtete lineare Zusammenhang. Der Korrelationskoeffizient kann Werte zwischen 0 und 1 annnehmen, wobei ein Koeffizient von 0 auf keinen Zusammenhang, ein Koeffizient von 1 auf einen perfekten Zusammenhang hinweist (Brosius, 2012: 523).

Betrag Korrelationskoeffizient	Interpretation
0	Kein Zusammenhang
Über 0 bis 0,2	Sehr schwacher Zusammenhang
Über 0,2 bis 0,4	Schwacher Zusammenhang
Über 0,4 bis 0,6	Mittlerer Zusammenhang
Über 0,6 bis 0,8	Starker Zusammenhang
Über 0,8 bis 1	Sehr starker Zusammenhang
1	Perfekter Zusammenhang

Quelle: Brosius, 2012: 523.

Tabelle 13: Interpretation der Korrelationskoeffizienten

Dabei muss beachtet werden, dass der Koeffizient keine Ursache-Wirkungsbeziehung zwischen den Variablen ermitteln kann. So ist denkbar, dass auch eine dritte Variable Einfluss auf den Zusammenhang zwischen zwei Variablen nehmen kann, so dass eine Korrelation auftritt, ohne dass ein Zusammenhang zwischen den beiden Variablen existiert (Brosius, 2012: 523). Die Entscheidung, ob ein empirischer Korrelationskoeffizient einen Zusammenhang aufweist, ist vom Umfang der Stichprobe abhängig. Daher empfiehlt es sich, mittels eines statistischen Tests, die Signifikanz der Korrelation zu überprüfen (Brosius, 2012: 524). Im Rahmen eines Signifikanztests wird geprüft, ob aus dem Zusammenhang der Variablen in der Stichprobe auf einen Zusammenhang in der Grundgesamtheit geschlossen werden kann. Der Signifikanzwert kann daher auch als Irrtumswahrscheinlichkeit bezeichnet werden. Da in der Grundgesamtheit noch nicht bekannt war, ob ein positiver oder negativer Zusammenhang vorhanden ist, wird im Rahmen dieser Arbeit auch ein zweiseitiger Signifikanztest durchgeführt.

5 Untersuchungsergebnisse

5.1 Datenanalyse

Der Untersuchung liegen 65 Innovationskooperationen mit unterschiedlichen Kooperationsformen zu Grunde, die im folgenden Abschnitt analysiert werden. Hinsichtlich der geografischen Reichweite zeigt sich, dass 87,7 Prozent der Kooperationen regional organisiert sind. Lediglich 12,3 Prozent der Kooperationen weisen nationale Kooperationsformen auf. Internationale Innovationskooperationen fehlen in der Stichprobe vollständig. Nur vier Unternehmen (6,2 Prozent) der Stichprobe beinhalten sehr kleine Unternehmen mit einer Anzahl von höchstens 10 Mitarbeitern. Sehr große Unternehmen mit über 250 Mitarbeitern befinden sich mit 8 Unternehmen (12,3 Prozent) in der Stichprobe. Den größten Teil der Untersuchung machen mittlere Unternehmen bis zu 50 Mitarbeitern und große Unternehmen bis zu 250 Mitarbeitern aus. 25 Kooperationen (38,5 Prozent) umfassen mittlere Unternehmen, 28 Kooperationen (43,1 Prozent) große Unternehmen.

Die allgemeine Betrachtung der Daten weist auf eine hohe Bedeutung von horizontalen Kooperationen hin. Insbesondere Kooperationen mit anderen Stadtwerken sind in der Stichprobe mit 52 Unternehmen vorhanden (80,0 Prozent). Darauf folgen 17 Kooperationen (26,2 Prozent) mit anderen Energieversorgungsunternehmen. Zulieferer (1,5 Prozent), Universitäten (4,6 Prozent), Finanzinvestoren (3,1 Prozent), Kunden (1,5 Prozent) und andere Partner (7,7 Prozent) spielen nur eine untergeordnete Rolle bei Innovationskooperationen.[17]

---

[17] Die Befragten Personen konnten Mehrfachangaben machen.

Hinsichtlich der Kooperationsform zeigt sich eine hohe Fallzahl an Beteiligungen und Dienstleistungsbeziehungen mit jeweils 23 Kooperationen (35,4
Prozent). Danach folgen die Netzwerkorganisationen mit 12 Kooperationen
(18,5 Prozent). Joint Ventures mit einer Anzahl von 6 Kooperationen (10,7
Prozent) und 1 Fusion (1,5 Prozent) sind deutlich geringer in der Stichprobe
vertreten. Die Anzahl der Partner in den Kooperationen variiert über die Stichprobe. Kleine Kooperationen mit ein bis zwei Partnern (44,6 Prozent) haben
die höchsten Fallzahlen. Jedoch sind auch sehr große Kooperationen mit über
10 Partnern Bestandteil der Untersuchung (16,9 Prozent). Die Analyse der
Intensität der Zusammenarbeit zeigt, dass sowohl operativ, als auch strategisch zusammengearbeitet wird. In 42 Kooperationen wird operativ zusammengearbeitet (64,6 Prozent), 45 Kooperationen (69,2 Prozent) kennzeichnen
sich durch eine langfristige, strategische Zusammenarbeit. 34 Unternehmen
(52 Prozent) arbeiten dabei zum ersten Mal mit ihrem Kooperationspartner
zusammen.[18]

Hinsichtlich der Analyse der Inhalte der Kooperation fällt auf, dass sowohl
konventionelle als auch alte Wertschöpfungsstufen Bestandteil von Innovationskooperationen sind. Jedoch ist deutlich zu erkennen, dass ein Großteil der
Unternehmen bevorzugt in konventionellen Wertschöpfungsbereichen kooperiert. 30 Kooperationen (46,2 Prozent) im Beschaffungsbereich und 27 Kooperationen (41,5 Prozent) mit Vertrieb bzw. Marketing-Orientierung sind dabei
die am häufigsten genutzten Wertschöpfungsbereiche. Auffallend ist dabei,
dass bei zahlreichen Kooperationen mehrere Wertschöpfungsbereiche integriert werden. Im Bereich der neuen Wertschöpfungsstufen zeigt sich, dass
24 Innovationskooperationen (36,9 Prozent) ausschließlich konventionelle
Wertschöpfungsstufen beinhalten. Im Rahmen der neuen Wertschöpfungsstu-

---

[18] Die Befragten Personen konnten Mehrfachangaben machen.

fen weisen „Smart Home", „Energieeffizienz" und „Mehrwertdienste" mit jeweils 10 Kooperationen (15,4 Prozent) die höchste Bedeutung auf.[19]

Die Anzahl der Kooperationspartner weist eine Tendenz zu kleinen Kooperationen auf. Sehr kleine Kooperationen mit bis zu 2 Partnern geben 29 Unternehmen an (44,6 Prozent). Danach folgen 3 – 4 Partner mit 17 Kooperationen
(26,2 Prozent), über 10 Partner mit 11 Kooperationen (16,9 Prozent) und
5 – 10 Partner mit 8 Kooperationen (12,3 Prozent).

Die Ergebnisse der Innovationsarten der Kooperation weisen ein sehr ausgeglichenes Bild auf. 38 Unternehmen (58,5 Prozent) entwickeln eine organisatorische Innovation. Darauf folgen eine Prozessinnovation mit einer Anzahl
von 33 Kooperationen (50,8 Prozent), Produktinnovationen mit 29 (44,6 Prozent) und technologische Innovationen mit einer Fallzahl von 24 Kooperationen (36,9 Prozent).[20] Hinsichtlich des Innovationsausmaßes lässt sich feststellen, dass eine hohe Bedeutung für die Weiterentwicklung und Nutzung von
bereits vorhandenem Wissen besteht. 55 Unternehmen (84,6 Prozent) legen
hohen Wert auf die Erweiterung von Wissen. Hohe Risiken sind in 7 Kooperationen (10,8 Prozent) vorhanden. Höhere monetäre Investitionen befinden
sich in 18 Kooperationen (27,7 Prozent).

Insgesamt bestätigen die ersten Ergebnisse die Vermutung, dass Innovationskooperationen sehr heterogen organisiert sind. Dies belegt auch die Analyse der Zielbeiträge der Kooperationen. Dabei wurden die Befragten gebeten,
die Zielbeiträge anhand einer fünfstufigen Rating-Skala für die Kooperation zu
bewerten.[21] Die Ergebnisse in Tabelle 13 zeigen deutliche Differenzen hinsichtlich der Zielbeiträge.

---

[19] Die Befragten Personen konnten Mehrfachangaben machen.
[20] Die Befragten Personen konnten Mehrfachangaben machen.
[21] Vgl. Anhang 1, Fragebogen Teil 4

	Ziel	n	Mittelwert	Standard-abweichung
Strategische Ziele	Ausbau strategischer Position	65	3,66	1,122
	Zugang zu Ressourcen	65	3,34	1,266
	Zugang zu neuen Märkten	65	3,31	1,446
	Imagegewinn	65	3,06	1,285
	Steigerung der Kundenzufriedenheit	65	2,97	1,237
	Reduktion der Wettbewerbsintensität	65	2,43	1,311
	Aufbau Markteintrittsbarrieren	64	1,91	1,231
Monetäre Ziele	Kostendegression	65	3,85	1,215
	Langfristiger Gewinn	65	3,75	1,146
	Erzielung höherer Rentabilität	65	3,71	1,057
	Verringerung des Investitionsrisikos	64	2,81	1,283
	Risikominderung	65	2,63	1,219
	Kurzfristiger Gewinn	62	2,23	1,193
Technologische Ziele	Transfer technologischen Wissens	65	3,43	1,131
	Entwicklung neuer technolog. Produkte	65	3,38	1,259
	Konzentration auf Kerntechnologien	64	2,92	1,372
	Zugang zu neuen technologischen Möglichkeiten	65	2,68	1,251
	Reduktion von Innovationszyklen	65	2,54	1,226
Rahmenbedingungen	Stärkung von kommunalen Unternehmen	65	4,03	1,185
	Umsetzung rechtlicher Vorgaben	65	2,91	1,548
	Sicherung politischer Interessen	65	2,48	1,264

Tabelle 14: Zielbeiträge der Kooperationen

5.2   Deskriptive Analyse der Kooperationstypen

Um konkrete Schlussfolgerungen zu unterschiedlichen Kooperationen abzuleiten, werden im folgenden Kapitel die ermittelten Kooperationstypen in die
Analyse einbezogen und anhand ihrer Struktur deskriptiv analysiert. Des
Weiteren wird der Erfolg der Kooperationstypen untersucht. Anhand der Clusteranalyse konnten vier Kooperationstypen identifiziert werden (vgl. Kapitel
4.2.1). Diese Kooperationstypen weisen in der Stichprobe unterschiedliche
Fallzahlen auf. Tabelle 15 zeigt, dass „Einfache Partnerschaften" und „Strategische Partnerschaften" mit jeweils 23 Kooperationen (35,4 Prozent) als häu-
figste Kooperationsform bei der Entwicklung von Innovationen genutzt werden. Hinsichtlich der Anzahl der Partner in den Kooperationen weisen insbesondere „Einfache Partnerschaften" eine hohe Fallzahl dyadischer Kooperationen mit einem oder nur sehr wenigen Partnern auf (69,6 Prozent). Ebenfalls
wenige Partner weisen „Komplexe Partnerschaften" mit 42,9 Prozent der
Kooperationen und „Strategische Partnerschaften" mit 43,5 Prozent auf. In
„Netzwerk-Partnerschaften" hingegen werden Kooperationen häufig mit mehr
als 10 Partnern durchgeführt.

	„Einfache Partnerschaften"		„Komplexe Partnerschaften"		„Strategische Partnerschaften"		„Netzwerk-Partnerschaften"		Gesamt	
	Absolut	Prozent	Absolut	Prozent	Absolut	Prozent	Absolut	Prozent	Absolut	Prozent
Anzahl (n)	23	35,4	7	10,7	23	35,4	12	18,5	65	100
Regional	21	91,3	3	42,9	21	91,3	12	100	57	87,7
National	2	8,7	4	57,1	2	8,7	0	0	8	12,3
1-2 Partner	16	69,6	3	42,9	10	43,5	0	0	29	44,6
3-4 Partner	4	17,4	3	42,9	5	21,7	5	41,7	17	26,2
5-10 Partner	2	8,7	1	14,2	4	17,4	1	8,3	8	12,3
>10 Partner	1	4,3	0	0	4	17,4	6	50	11	16,9

Tabelle 15: Charakteristische Merkmale der Kooperationstypen

Die Analyse der Richtung von Innovationskooperationen zeigt über alle Kooperationstypen eine hohe Anzahl lateraler Kooperationen. Dies weist auf die besondere Fokussierung von Stadtwerken als Kooperationspartner hin. „Netzwerk-Partnerschaften" beinhalten sogar in jeder Kooperation mindestens ein Stadtwerk als Kooperationspartner. Jedoch ist bei diesem Kooperationstyp auffallend, dass Universitäten, Kunden und andere Partner integriert werden. „Einfache Partnerschaften" weisen im Vergleich zu den anderen Kooperationstypen eine erhöhte Anzahl vertikaler Kooperationen auf. Daraus geht hervor, dass ein Know-how aus anderen Bereichen der Wertschöpfung zur Innovationsentwicklung benötigt wird.

	„Einfache Partnerschaften"		„Komplexe Partnerschaften"		„Strategische Partnerschaften"		„Netzwerk-Partnerschaften"		Gesamt	
	Absolut	Prozent	Absolut	Prozent	Absolut	Prozent	Absolut	Prozent	Absolut	Prozent
Stadtwerke	16	69,5	5	71,4	19	82,6	12	100	52	80
EVU	7	30,4	3	42,9	6	26,1	1	8,3	17	26,2
Zulieferer	1	4,3	0	0	0	0	0	0	1	1,5
Universität/ Forschung	1	4,3	0	0	0	0	2	16,7	3	4,6
Kunden	1	4,3	0	0	0	0	1	8,3	2	3,1
Finanz-investoren	0	0	0	0	1	4,3	0	0	1	1,5
Andere	4	17,4	0	0	0	0	1	8,3	5	7,7

Tabelle 16: Partner der Kooperation

Die Analyse konventioneller Wertschöpfungsstufen von „Einfachen Partner-schaften" zeigt eine hohe Relevanz der Innovationsentwicklung im Bereich der Beschaffung, dem Vertrieb und Marketing sowie der Abrechnung. „Kom-plexe Partnerschaften" weisen eine deutlich höhere Integration aller Wert-schöpfungsstufen auf, was die Komplexität der Ausgestaltung dieses Koope-rationstypus verstärkt. „Strategische Partnerschaften" weisen vor allem im Bereich der Verteilung und dem Vertrieb/ Marketing eine hohe Innovations-entwicklung auf. „Netzwerk-Partnerschaften" legen den Fokus auf die Be-schaffung, was bestätigt, dass Einkaufsgesellschaften ein zentraler Bestand-teil dieses Kooperationstypens ist. (vgl. Tabelle 17)

	„Einfache Partnerschaften"		„Komplexe Partnerschaften"		„Strategische Partnerschaften"		„Netzwerk- Partnerschaften"		Gesamt	
	Absolut	Prozent	Absolut	Prozent	Absolut	Prozent	Absolut	Prozent	Absolut	Prozent
Erzeugung	1	4,3	3	42,9	2	8,7	1	8,7	7	10,8
Verteilung	4	17,4	3	42,9	12	52,2	5	41,7	24	36,9
Vertrieb/ Marketing	7	30,4	5	71,4	11	47,8	4	33,3	27	41,5
Handel	2	8,7	4	57,1	6	26,1	3	25	15	23,1
Asset Management	4	17,4	1	14,3	6	26,1	2	16,7	13	20
Shared Service	3	13	4	57,1	6	26,1	4	33,3	17	26,2
Beschaffung	9	39,1	3	42,9	9	39,1	9	75	30	46,2
Abrechnung	7	30,4	3	42,9	3	13	4	33,3	17	26,2
Andere	3	13	2	28,6	1	4,3	1	8,3	7	10,8

Tabelle 17: Konventionelle Wertschöpfungsstufen

Neue Wertschöpfungsstufen haben im Vergleich zu den konventionellen Wertschöpfungsstufen im Rahmen von Innovationskooperationen geringere Relevanz. Es zeigt sich jedoch auch hier, dass in „Komplexen Partnerschaften" die Schwierigkeit aufgrund der Integration sämtlicher Wertschöpfungsstufen am höchsten ist. Auffallend hohe Werte weisen in diesem Typus die Bereiche „Smart Home" und „Mehrwertdienste" mit jeweils 57,1 Prozent auf.

	„Einfache Partnerschaften"		„Komplexe Partnerschaften"		„Strategische Partnerschaften"		„Netzwerk-Partnerschaften"		Gesamt	
	Absolut	Prozent	Absolut	Prozent	Absolut	Prozent	Absolut	Prozent	Absolut	Prozent
Speicher-technologie	0	0	1	14,3	2	8,7	0	0	3	4,6
Virtuelle Kraftwerke	1	4,3	3	42,9	1	4,3	0	0	5	7,7
Kombi Produkte	1	4,3	2	28,6	1	4,3	0	0	4	6,2
Smart Home	2	8,7	4	57,1	2	8,7	2	16,7	10	15,4
Mehrwertdienste	2	8,7	4	57,1	4	17,4	0	0	10	15,4
Demand Supply	0	0	3	42,9	0	0	2	16,7	5	7,7
Dezentrale Erzeugung	2	8,7	3	42,9	7	30,4	1	8,3	13	20
Energieeffizienz	2	8,7	2	28,6	5	21,7	1	8,3	10	15,4
Andere	7	30,4	2	28,6	5	21,7	3	25	17	26,2
Keine neue Wertschöpfungs-stufe	8	34,8	1	14,3	10	43,5	5	41,7	24	36,9

Es konnten Mehrfachangaben gemacht werden

Tabelle 18: Neue Wertschöpfungsstufen

Die Kenntnis über den Partner zeigt durch alle Kooperationstypen hinweg ein ausgeglichenes Bild. So werden in allen Typen auch Kooperationspartner gewählt, die vorher noch nicht bekannt sind. Damit einher geht ein grundsätzliches Vertrauen in die Kooperationspartner. Lediglich bei sehr intensiven und komplexen Kooperationen, wie den hierarchischen Partnerschaften, zeigt sich eine Tendenz, dass aufgebautes Vertrauen aus vergangenen Beziehungen wichtig ist. Die Analyse der Intensität der Zusammenarbeit weist auf operative und strategische Beziehungen in allen Kooperationstypen hin. Damit zeigt sich, dass alle Kooperationen mit klaren Zielen gebildet werden und von keiner „leeren Hülle" der Zusammenarbeit auszugehen ist. Eine auffallend hohe Intensität der Zusammenarbeit zeigen „Strategische Partnerschaften", die sich durch langfristige, strategische Bindungen auszeichnen.

	„Einfache Partnerschaften"		„Komplexe Partnerschaften"		„Strategische Partnerschaften"		„Netzwerk-Partnerschaften"		Gesamt	
	Absolut	Prozent	Absolut	Prozent	Absolut	Prozent	Absolut	Prozent	Absolut	Prozent
Erstkontakt	13	56,5	3	42,9	12	52,2	6	50	34	52,3
Wiederholter Kontakt	10	43,5	4	57,1	11	47,8	6	50	31	47,7
Operative Tätigkeit	13	56,5	5	71,4	18	78,3	6	50	42	64,6
Strategische Tätigkeit	14	60,9	5	71,4	18	78,3	6	66,7	45	69,2

Tabelle 19: Kenntnis über Partner und Intensität der Zusammenarbeit

Vergleicht man die Größe der Unternehmen in den jeweiligen Kooperationstypen, stellt sich heraus, dass insbesondere „Einfache Partnerschaften" für kleinere Unternehmen in Erwägung gezogen werden. Die anderen Kooperationstypen weisen in der Stichprobe insbesondere mittelgroße bis große Unternehmen auf.

	„Einfache Partnerschaften"		„Komplexe Partnerschaften"		„Strategische Partnerschaften"		„Netzwerk-Partnerschaften"		Gesamt	
	Absolut	Prozent	Absolut	Prozent	Absolut	Prozent	Absolut	Prozent	Absolut	Prozent
Sehr kleine Unternehmen	2	8,7	0	0	2	8,7	0	0	4	6,2
Kleine Unternehmen	11	47,8	2	28,6	8	34,8	4	33,3	25	38,5
Mittelgroße Unternehmen	6	26,1	4	57,1	10	43,5	8	66,7	28	43,1
Große Unternehmen	4	17,4	1	14,3	3	13	0	0	8	12,3

Tabelle 20: Größe der Unternehmen

Die Ergebnisse der Innovationsarten stellen klar, dass „Komplexe Partnerschaften" mehr Innovationen entwickeln als andere Kooperationstypen. In „Einfache Partnerschaften" werden die wenigsten Innovationen entwickelt. Die Ergebnisse der „Netzwerk-Partnerschaften" zeigen, dass in diesem Typus insbesondere organisatorische- und Prozessinnovationen entwickelt werden. Insgesamt betrachtet zeigt sich ein relativ ausgeglichenes Bild über alle Innovationsarten hinweg. Es fällt lediglich auf, dass technologische Innovationen in fast allen Kooperationstypen am wenigsten auftauchen.

	„Einfache Partnerschaften"		„Komplexe Partnerschaften"		„Strategische Partnerschaften"		„Netzwerk-Partnerschaften"		Gesamt	
	Absolut	Prozent	Absolut	Prozent	Absolut	Prozent	Absolut	Prozent	Absolut	Prozent
Produkt	9	39,1	5	71,4	11	47,8	4	33,3	29	44,6
Prozess	10	43,5	5	71,4	11	47,8	7	58,3	33	50,8
Organisation	10	43,5	6	85,7	11	47,8	8	66,7	38	58,5
Technologie	10	43,5	4	57,1	8	34,8	2	16,7	24	36,9

Es konnten Mehrfachangaben gemacht werden

Tabelle 21: Innovationsarten

Die Analyse des Innovationsumfangs der Kooperationstypen weist auf einen Fokus zur Erweiterung von bestehendem Wissen hin. „Komplexe Partnerschaften" bestätigen jedoch, dass auch die Gewinnung neuer Erkenntnisse Ziel von Innovationskooperationen sein kann. Hinsichtlich der Investitionskosten einer Innovationsentwicklung weisen „Strategische Partnerschaften" den höchsten Wert auf. „Einfache Partnerschaften" entwickeln Innovationen häufig mit geringen Investitionen. Die Risiken der Innovationsentwicklung sind jedoch in allen Kooperationstypen relativ niedrig.

	„Einfache Partnerschaften"		„Komplexe Partnerschaften"		„Strategische Partnerschaften"		„Netzwerk- Partnerschaften"		Gesamt	
	Absolut	Prozent	Absolut	Prozent	Absolut	Prozent	Absolut	Prozent	Absolut	Prozent
Erweiterung Wissen	20	87	6	85,7	17	73,9	12	100	55	84,6
Reaktion auf Standards	9	39,1	1	14,3	11	47,8	4	33,3	25	38,5
Neue Erkenntnisse	11	47,8	5	71,4	10	43,5	4	33,3	30	46,2
Hohe	6	26,1	2	28,6	10	43,5	0	0	18	27,7

Tabelle 22: Innovationsumfang

5.3   Kooperationserfolg

Betrachtet man den Kooperationserfolg der unterschiedlichen Typen, so zeigt sich insgesamt ein sehr positives Ergebnis. Beide Erfolgsmaße weisen auf einen hohen Erfolg der Kooperation hin. Auf einer Rating-Skala konnten die befragten Unternehmen die Kooperation von 1 = sehr geringe Zufriedenheit (bzw. sehr niedriger Beitrag zur Zielerreichung) bis 5 = sehr hohe Zufriedenheit (bzw. sehr hoher Beitrag zur Zielerreichung) bewerten.

Vergleicht man die Kooperationstypen untereinander (vgl. Tabelle 23) so ist erkennbar, dass die Zufriedenheit am größten (m = 4,45) in „Netzwerk-Partnerschaften" ist. Ebenfalls weist diese Form eine sehr geringe Streuung auf, womit deutlich wird, dass kaum Ausreißer existieren. Die geringste Zufriedenheit (m = 4,02) weisen „Strategische Partnerschaften" auf, die jedoch immer noch als hoch zu betrachten ist. Dabei fällt auf, dass die Standardabweichung (σ =0,977) bei beiden Erfolgsmaßen im Vergleich zu den anderen Kooperationstypen relativ hoch ist. Dies impliziert auch, dass einige Kooperationen durchaus negativer beurteilt worden sind. Das Erfolgsmaß „Wirtschaft-

licher Erfolg", das zur Überprüfung der Robustheit eingesetzt wird, weist deutlich geringere Werte auf. Sie stehen jedoch in einem konstanten Verhältnis
zur Zufriedenheit. Lediglich beim Typ „Netzwerk-Partnerschaften" sind hohe
Unterschiede erkennbar. Eine Ursache für die Differenz zwischen den Erfolgsmaßen ist auf die große Heterogenität der Kooperationsziele zurückzuführen. Das Erfolgsmaß „Wirtschaftlicher Erfolg" setzt sich dabei aus monetä-
ren, technologischen und strategischen Zielen zusammen, die alle auf wirtschaftliche Kennzahlen zurückzuführen sind.

	„Einfache Partnerschaften"		„Komplexe Partnerschaften"		„Strategische Partnerschaften"		„Netzwerk-Partnerschaften"		Gesamt	
	Absolut	Prozent	Absolut	Prozent	Absolut	Prozent	Absolut	Prozent	Absolut	Prozent
Zufriedenheit	4,29	0,669	4,18	0,492	4,02	0,977	4,45	0,462	4,22	0,764
Wirtschaftlicher Erfolg	3,09	0,662	3	0,641	3,08	0,713	2,88	0,295	3,03	0,601

m = arithmetisches Mittel, σ = Standardabweichung

Tabelle 23: Erfolg der Kooperationstypen

5.4   Korrelationsergebnisse

Im folgenden Abschnitt werden zentrale Treiber und Barrieren von Innovationskooperationen anhand einer Korrelationsanalyse ermittelt. Dazu werden
sowohl die allgemeinen Treiber und Barrieren der gesamten Kooperationen,
als auch die Treiber und Barrieren für den Kooperationstyp vorgestellt, die
den Erfolg der Kooperation beeinflussen. Als maßgebliches Erfolgsmaß wird
die „Zufriedenheit" herangezogen. Zur Prüfung der Robustheit wird zusätzlich
das Erfolgsmaß „Wirtschaftlicher Erfolg" berücksichtigt. Tabelle 26 und 27
bilden die zentralen Treiber und Barrieren ab.

n=65	„Einfache Partnerschaften"	„Komplexe Partnerschaften"	„Strategische Partnerschaften"	„Netzwerk-Partnerschaften"
Häufigkeit	36%	36%	18%	10%
Top 1 Erfolgsfaktor	Übereinstimmung der Partnerziele (‚724**)	Übereinstimmung der Ziele der Partner (‚566**)	Grundhaltung der Beteiligten (‚788**)	Übereinstimmung der Ziele der Partner (‚915**)
Top 2 Erfolgsfaktor	Prüfung gesetzlicher Vorgaben (‚610**)	Detaillierte Planung (‚470*)	Prüfung der politischen Lage (‚747**)	Vertrag als Kooperationsgrundlage (‚906**)
Top 3 Erfolgsfaktor	Vertrauensaufbau (‚496*)	Grundhaltung der Beteiligten (‚462*)	Einbettung der Kooperation in Gesamtstrategie des Unternehmens (‚676*)	
Top 4 Erfolgsfaktor	Häufige Kommunikation (‚486*)	Strategische Bedeutung der Kooperation (‚456*)	Übereinstimmung der Partnerziele (‚608*)	

*Die Korrelation ist auf dem 0,05-Niveau signifikant (zweiseitig), ** Die Korrelation ist auf dem 0,01-Niveau signifikant (zweiseitig)

Tabelle 24: Treiber und Barrieren der Kooperationstypen[22]

5.4.1 Allgemeines

Die Ergebnisse der gesamten Kooperationen weisen auf einen sehr signifikanten positiven Zusammenhang zwischen dem Erfolgsmaß der „Zufriedenheit" und den „Übereinstimmungen der Partnerziele" hin. Die „Grundhaltung der Beteiligten" und die „Einbettung der Kooperation in die strategische Zielplanung" zeigen ebenfalls signifikante Korrelationen mit dem Erfolgsmaß „Zufriedenheit". Zieht man den Ergebnissen noch das zweite Erfolgsmaß hinzu, kann auch ein signifikanter Zusammenhang zwischen der „Detaillierten Planung" und dem Erfolgsmaß „Wirtschaftlicher Erfolg" festgestellt werden.

---

[22] Die Korrelationsergebnisse „Komplexer Partnerschaften" sind auf das Erfolgsmaß „Wirtschaftlicher Erfolg" zurückzuführen

Damit kann schon an dieser Stelle konstatiert werden, dass den Kooperationsvoraussetzungen insgesamt betrachtet, eine zentrale Rolle beigemessen wird.

Hinsichtlich der Wahl der Kooperationspartner können signifikante Zusammenhänge der „Gesellschaftsstruktur" und „fachlichen Kompetenz der Partner" mit dem Erfolgsmaß „Zufriedenheit" ermittelt werden. Sehr signifikante Korrelationen sind im Bereich der Kooperationsgestaltung zu erkennen. Hierzu kann ein Zusammenhang zwischen dem Erfolgsmaß „Zufriedenheit" mit „Vertrauen" und „häufiger Abstimmung" festgehalten werden. Einen weiteren signifikanten, jedoch schwachen Zusammenhang stellt die Korrelationsanalyse zwischen dem „Vertrag als Kooperationsgrundlage" und der „Zufriedenheit" fest.

Im Bereich der Rahmenbedingungen von Innovationskooperationen finden sich wenige Anhaltspunkte für zentrale Treiber und Barrieren. Lediglich die Einbindung des Betriebsrates weist einen schwachen, aber signifikanten Zusammenhang mit dem Erfolgsmaß „Wirtschaftlicher Erfolg" auf.

5.4.2   Treiber und Barrieren der Kooperationstypen

„Einfache Partnerschaften"

Im Bereich der Kooperationsvoraussetzung kann ein starker, sehr signifikanter Zusammenhang zwischen „Übereinstimmung der Partnerziele" und „Zufriedenheit" beobachtet werden. Hinsichtlich der Voraussetzungen der Kooperationen kann ebenfalls ein signifikanter Zusammenhang zwischen „Detaillierte Planung" und „Wirtschaftlicher Erfolg" ermittelt werden, der jedoch schwach ist. Gleiches gilt für den Zusammenhang von „Einbettung in strategische Zielplanung" und „Wirtschaftlicher Erfolg". Hinsichtlich der Partnerwahl zeigt sich eine geringe, aber signifikante Korrelation „Gesellschaftsstruktur" und „Zufriedenheit". Im Bereich der Kooperationsgestaltung weisen „Vertrauen" und „Kommunikation" mittlere, signifikante Zusammenhänge mit dem Erfolgsmaß „Zufriedenheit" auf. Bei den Rahmenbedingungen treten im Vergleich zu den anderen Kooperationstypen zwei signifikante Zusammenhänge auf. Zum einen konnte ein mittlerer, signifikanter Zusammenhang zwischen „politische Lage" und dem Erfolgsmaß „Wirtschaftlicher Erfolg" ermittelt werden. Sogar ein starker, sehr signifikanter Zusammenhang konnte zwischen „gesetzliche Vorgaben" und „Zufriedenheit" identifiziert werden.

„Komplexe Partnerschaften"
In diesem Kooperationstyp konnten insgesamt nur zwei Zusammenhänge ermittelt werden. Diese weisen jedoch sehr starke und sehr signifikante Korrelationen auf. Ein zentraler Treiber im Bereich der Kooperationsvoraussetzungen ist die „Übereinstimmung der Partnerziele". Dazu konnte ein Zusammenhang zum Erfolgsmaß „Wirtschaftlicher Erfolg" festgestellt werden. Im Bereich der Kooperationsgestaltung kann ein Zusammenhang zwischen dem „Vertrag als Kooperationsgrundlage" und dem Erfolgsmaß „Wirtschaftlicher Erfolg" beobachtet werden.

„Strategische Partnerschaften"
In diesem Kooperationstypus konnten die meisten Korrelationen festgestellt werden. Im Bereich der Kooperationsvoraussetzung konnte ein mittlerer, sehr signifikanter Zusammenhang zwischen „Übereinstimmung der Ziele" und „Zufriedenheit" ermittelt werden. Weitere signifikante Korrelationen mit dem Erfolgsmaß „Zufriedenheit" weisen „detaillierte Planung", „Grundhaltung der Beteiligten", „Einbettung in die strategische Zielplanung" und „strategischen Bedeutung der Kooperation" auf. Dies zeigt, dass in diesem Kooperationstyp von einer erhöhten Bedeutung der Kooperationsvoraussetzungen auszugehen ist. Hinsichtlich der Kooperationspartner ist lediglich eine mittlere, signifikante Korrelation zwischen „Fachkompetenz" und „Zufriedenheit" festzustel-

len. Für die Kooperationsgestaltung zeigen sich mittlere, signifikante Korrelationen zwischen „Zufriedenheit" und „Vertrauen" sowie dem „Vertrag als Kooperationsgrundlage". Das Erfolgsmaß „Wirtschaftlicher Erfolg" weist einen signifikanten Zusammenhang mit „organisationaler Komplementarität" auf.

„Netzwerk-Partnerschaften"

Im Bereich der „Netzwerk-Partnerschaften" ist den Kooperationsvoraussetzungen ebenfalls eine erhöhte Bedeutung beizumessen. Ein zentrales Erfolgskriterium ist dazu die Sicherstellung einer „positiven Grundhaltung" der Beteiligten. Hierzu konnte ein starker, sehr signifikanter Zusammenhang mit dem Erfolgsmaß „Zufriedenheit" nachgewiesen werden. Ebenfalls weisen starke signifikante Korrelationen mit dem Erfolgsmaß „Zufriedenheit" zeigen die „Einbettung in strategische Ziele" und die „Übereinstimmung der Partnerziele". Hinsichtlich der Kooperationsgestaltung ist ein signifikanter Zusammenhang zwischen „Wirtschaftlicher Erfolg" und „organisationaler Komplementarität" festzustellen. Im Bereich der Rahmenbedingungen konnte ein sehr starker signifikanter Zusammenhang „politische Lage" mit dem Erfolgsmaß „Zufriedenheit" bestimmt werden.

5.5   Limitationen

Die Erkenntnisse der vorliegenden Untersuchung beziehen sich auf die Untersuchung der zentralen Treiber und Barrieren von Innovationskooperationen. Durch die Orientierung an den kommunalwirtschaftlichen Gegebenheiten ist die Aussagekraft der Untersuchungsergebnisse auf Stadtwerke begrenzt. Gleichzeitig liefert diese Vorgehensweise jedoch somit den Vorteil spezifische Implikationen für kommunale Energieversorger ableiten zu können. Hierzu wurden basierend auf den Ergebnissen Gespräche mit Experten des Verbands kommunaler Unternehmen aber auch mit Senior Managern der 67rockwell Consulting GmbH geführt.

Das Untersuchungsmodell dieser Arbeit leitet sich sowohl aus den bisherigen theoretischen und empirischen Erkenntnissen über Innovationskooperationen, als auch über den bisherigen Kenntnisstand von Stadtwerkekooperationen ab. Gleichzeitig muss jedoch eingeschränkt werden, dass die Zusammenhänge in dieser Form erstmalig getestet wurden. Dabei erfüllte das Untersuchungsmodell nicht alle geforderten Gütekriterien. Um eine externe Validität zu gewährleisten, ist das Modell in einer weiteren Untersuchung zu überprüfen.

Hinsichtlich der Operationalisierung der Variablen konnten in einer umfassenden Literaturanalyse wesentliche Parameter von Kooperationsstrukturen abgeleitet und Kooperationstypen identifiziert werden. Die Differenzierung in verschiedene Kooperationsformen leistet damit einen ersten Beitrag, das Verständnis der Entwicklung von Innovationen zu erhöhen. Gleichzeitig liegen Stadtwerken erstmals grundsätzliche und situationsbezogene Empfehlungen für ein Kooperationsmanagement im Bereich der Innovationsentwicklung vor. Aufgrund der festgestellten Heterogenität der Kooperationsstrukturen in der kommunalen Energieversorgung bedarf es jedoch weiterer Untersuchungen. Fallstudien könnten einen Zugang zu weiteren Informationen der Kooperationstypen liefern.

Zur Ermittlung zentraler Treiber und Barrieren wurde der Kooperationserfolg gemessen. Dabei wurden unterschiedliche Erfolgsmaße verwendet, um die Robustheit der Ergebnisse zu erhöhen. Als maßgebliches Erfolgsmaß wurde die „Zufriedenheit" und als Konstrukt zweiter Ordnung der „Wirtschaftliche Erfolg" gemessen. Damit konnte der hohen Komplexität der Erfolgsmessung zum Teil Rechnung getragen werden. Die Anpassungsgüte des Untersuchungsmodells ist differenziert zu bewerten. Das maßgebliche Erfolgsmaß „Zufriedenheit" erfüllte größtenteils die statistischen Kriterien. Das Erfolgsmaß zweiter Ordnung hingegen hat hinsichtlich der Reliabilität und Validität nur eingeschränkte Aussagekraft. Aufgrund der lediglich unterstützenden Leistung des zweiten Erfolgsmaßes wurde dies in Kauf genommen. Dabei soll jedoch

betont werden, dass eine Modellannahme nicht primär an der Erfüllung bestimmter Gütekriterien festzumachen, sondern durch inhaltliche Überlegungen
zu unterstützen ist.

Es konnte festgestellt werden, dass sich die Zielsetzungen von Innovationskooperationen deutlich unterscheiden. Weitere Untersuchungen sollten vor
diesem Hintergrund auch den in der Literatur weit verbreiteten Zielansatz
berücksichtigen. Der Zielansatz bietet den besonderen Vorteil der Berücksichtigung heterogener Interessen der Kooperationspartner. Ebenfalls ist zu kon-
statieren, dass im Untersuchungsmodell nur lineare Effekte zwischen den
Variablen erfasst wurden. In der Realität ist jedoch davon auszugehen, dass
auch kurvenlineare Beziehungen existieren. Für weitere Arbeiten bietet es
sich an die Auswirkung der Kooperation auf den Unternehmenserfolg zu prüfen. Damit könnte ein weiterer Beitrag geleistet werden, das bisher nur wenig
institutionalisierte Innovationsmanagement in der kommunalen Energieversorgung weiter zu systematisieren.

6   Implikationen

6.1   Allgemein

Die Ergebnisse der Untersuchungen zeigen, dass den Kooperationsvoraussetzungen eine zentrale Rolle bei der Entwicklung von Innovationen zuge-
schrieben wird. Positive Kooperationsvoraussetzungen beinhalten die Wahl
eines geeigneten Partners, die Übereinstimmung der Ziele der Partner und
die Implementierung einer positiven Grundhaltung der Beteiligten. Insgesamt
bietet es sich daher im Vorfeld der Kooperation an, genügend Zeit in die Planung der Kooperation zu investieren. Um eine positive Grundhaltung zu
schaffen, ist es zudem wichtig, auch Anteilseigner und Mitarbeiter möglichst
früh in den Kooperationsprozess einzubinden, um Ängste und Blockaden zu
vermeiden.

Hinsichtlich der Suche nach einem geeigneten Kooperationspartner konnte
ein signifikanter Zusammenhang der Fachkompetenz und Gesellschaftsstruktur mit dem Erfolg der Kooperation nachgewiesen werden. Daraus erschließt
sich, dass im Vorfeld auch eine intensive Partnersuche zu vollziehen ist, um
Folgekosten durch den Abbruch von Kooperationen zu vermeiden.

Die Kooperationsgestaltung erfordert ein hohes Maß an Vertrauen und häufi-
gen Abstimmungen, um den Kooperationserfolg zu steigern. Daher bietet es
sich im Verlauf der Kooperation an, eine ehrliche und offene Kommunikation
mit den Mitarbeitern und beteiligten Partnern zu führen. Aufgrund der Erfolgs-
wirkung des Vertrages auf die Zufriedenheit der Kooperation ist auch die
intensive Auseinandersetzung mit der Gestaltung von Verträgen unabdingbar.
Vor diesem Hintergrund sollte jedoch betont werden, dass es unmöglich erscheint, alle Details in Kooperationen im Voraus vertraglich festzuhalten.
Vertrauen ist vor diesem Hintergrund ein zentraler Faktor von Innovationsko-

operationen. Wie die deskriptiven Ergebnisse zeigen, werden Innovationsko-operationen häufig ohne vorherige Kenntnis des Kooperationspartners einge-gangen. Dabei ist zu beachten, dass Vertrauen erst über einen Zeitraum entsteht und immer auch von den vorherigen Erfahrungen der Kooperations-partner abhängt. Es kann daher sinnvoll sein mit kleinen, vertrauensbildenden Kooperationen zu beginnen, bevor gemeinsam größere Projekte in Angriff genommen werden.

Die Rahmenbedingungen von Innovationskooperationen sind ebenfalls im Vorfeld zu klären. Vor diesem Hintergrund ist zu beachten, dass kommunale Gesellschafter betriebswirtschaftliche und gleichzeitig sozialpolitische Motive haben können, Kooperationen einzuschränken. Sozialpolitische Gründe kön-nen unter anderem die Wahrung der „Stadtwerke-Identität" oder der Erhalt der Arbeitsplätze sein. Insgesamt fällt jedoch auf, dass die Rahmenbedingungen insgesamt eine untergeordnete Rolle für den Erfolg von Innovationskooperati-onen spielen. Eine Erklärung dafür könnte sein, dass Rahmenbedingungen sogenannte Hygienefaktoren darstellen. Die Existenz positiver Rahmenbedin-gungen verhindert zwar Unzufriedenheit, führt aber nicht gleichzeitig zu Zu-friedenheit mit einer Kooperation. Eine Unterscheidung zwischen erfolgrei-chen und erfolglosen Kooperationen ist jedoch über die gesamten Kooperati-onen nicht möglich.

6.2   „Einfache Partnerschaften"

„Einfache Partnerschaften" beinhalten Dienstleistungsbeziehungen, die sich häufig durch kleine Kooperationen mit regionaler Orientierung auszeichnen. Die Intensität der Beziehung ist relativ gering. Als Partner werden vor allem Stadtwerke aber auch Partner aus anderen Wertschöpfungsstufen gewählt.
Dieser Kooperationstyp bemisst den Kooperationsvoraussetzungen eine zentrale Rolle zu. Hierbei konnten zahlreiche signifikante Korrelationen zum Kooperationserfolg festgestellt werden. Eine mögliche Erklärung der hohen

Bedeutung der Kooperationsvoraussetzungen ist in den unterschiedlichen Zielen der Kooperationspartner zu erkennen. Häufig stammen Kooperationspartner aus vertikalen oder lateralen Wertschöpfungsstufen, die andere Ziele als Stadtwerke verfolgen. Dabei können Motive wie der Zugang zu Know-how ebenso eine Rolle spielen, wie die Kostensenkung oder die Diversifizierung des Risikos.

Diesem Kooperationstyp konnte in den deskriptiven Ergebnissen eine geringere operative und strategische Zusammenarbeit nachgewiesen werden. Ebenfalls zeigen die Ergebnisse eine einmalige Zusammenarbeit, die häufig von kurzer Dauer ist. Die Intensität der Beziehung ist somit im Vergleich zu den anderen Kooperationstypen als gering und marktnah zu bezeichnen. Eine Gefahr der geringen Intensität von Beziehungen ist ein opportunistisches Verhalten der Kooperationspartner. Kooperationspartner sind dabei größtenteils auf ihre eigenen Interessen bedacht, da langfristige Beziehungen nicht angestrebt werden. Vor diesem Hintergrund spielt Vertrauen in diesem Kooperationstypus eine zentrale Rolle. Dies zeigen auch die signifikanten Ergebnisse der Korrelationsanalyse zwischen der Bedeutung von Vertrauen und dem Erfolg dieses Kooperationstyps. Aufgrund der geringen Kenntnisse über den Partner und der geringen Beziehungsintensität ist eine offene und ehrliche Kommunikation dazu unabdingbar.

Als Handlungsempfehlung bietet es sich ebenfalls an, den „operativen Fit" des Kooperationspartners zu prüfen. Hierzu zählen unter anderem die gemeinsamen Ziele, Unternehmenskulturen, Führungsstile sowie Entscheidungsprozesse. Stimmen die Ziele überein, kann auch das Risiko des ungewollten Know-how-Abflusses an den Kooperationspartner sowie die unfreiwillige Weitergabe von Wissen an Dritte, die sich nicht an den Kosten der Entwicklung der Innovation beteiligen, verhindert werden (Vermeidung von „Spillover-Effekten"[23]).

Ein besonders hoher Einfluss wird den Rahmenbedingungen der Innovations-kooperation beigemessen. Als Erklärung kann das teilweise uneinheitliche politische Umfeld in vielen Kommunen herangezogen werden. Eine Studie des VKU (2010:15) belegt sogar, dass 27 Prozent der kommunalen Energie-versorger nicht nur die technische und kaufmännische, sondern auch die politische Kompatibilität als Erfolgskriterium ansehen. Hinsichtlich der rechtli-chen Rahmenbedingungen ist auch das Gemeindewirtschaftsrecht, das Vergaberecht sowie das Kartellrecht zu berücksichtigen. Dabei ergeben sich unterschiedliche Anforderungen und Rahmenbedingungen an Stadtwerke in Deutschland, da zum Beispiel die nähere Gestaltung der Gemeindeordnun-gen länderspezifisch gestaltet wird.

Maßnahme	Umsetzung	Erfolgskritische Elemente
„Operative Eignung des Kooperationspartners prüfen"	• Vergleich der Relevanz des Kooperations-projektes für Partner • Befragung anderer Unter-nehmen über Kooperationspartner • Prüfung Entscheidungswege des Partners • Anpassung der organisatori-schen Schnittstellen	• Partner aus unterschiedlichen Wertschöpfungsstufen • Inkompatible Ziele • „Fit" der Unternehmenskulturen • Unterschiedliche Entscheidungsprozesse
„Klärung der Rahmenbedingungen"	• Prüfung der gesetzlichen Rahmenbedingungen • Einbindung der Gesellschaf-ter und des Betriebsrats	• Machtinteressen • Erhalt der „Stadtwerke-Identität" • Rechtliche Rahmenbedingungen
„Aufbau von Vertrauen"	• Offene und ehrliche Kommunikation • Klare Regeln der Zusam-menarbeit	• Geringe Intensität der Beziehung • Opportunistisches Verhalten • „Spillover-Effekte"

Tabelle 25: Maßnahmen und Umsetzung „Einfache Partnerschaften"

---

[23] Nicht intendierter Wissensabfluss

6.3 „Komplexe Partnerschaften"

„Komplexe Partnerschaften" zeichnen sich durch eine hohe nationale Orientierung aus, wodurch sie sich von den anderen Kooperationstypen deutlich unterscheiden. Dieser Kooperationstyp umfasst die Kooperationsformen Joint Venture und Fusion. Ziel dieser Kooperationsvorhaben ist häufig die Erschließung von Kostensenkungspotentialen, um im Wettbewerb mit größeren Energieversorgern konkurrenzfähig zu bleiben. Innovationskooperationen dieser Art weisen eine hohe Komplexität auf, da sie sich über viele Wertschöpfungsstufen der Partner erstrecken.

Ein zentraler Treiber dieses Kooperationstyps konnte mit der „Übereinstimmung der Partnerziele" ermittelt werden. Dazu konnte ein sehr starker, sehr signifikanter Zusammenhang beobachtet werden. Die Ergebnisse der deskriptiven Untersuchung weisen darauf hin, dass dieser Kooperationstyp sich durch eine sowohl operative, strategische als auch langfristige Zusammenarbeit auszeichnet. Vor dem Hintergrund der dargestellten Übereinstimmung der Ziele ist im Vorfeld der Kooperation der „Strategische Partner Fit" zu prüfen. Damit gemeint ist, ob die Partner auch langfristig zusammen arbeiten können. Dazu müssen Ziele nicht identisch sein, vielmehr reicht es aus, wenn Ziele sich gegenseitig verstärken und die Partner nicht vor Ende der Kooperation im Engagement nachlassen. Vor diesem Hintergrund ist ebenfalls zu erwähnen, dass langfristige, strategische Beziehungen höhere Abbruchkosten haben können („Exit-Kosten").

Kooperationstypen dieser Art zeichnen sich durch eine hohe Komplexität aus. Die Ergebnisse der deskriptiven Analyse zeigen, dass in einer Vielzahl von Wertschöpfungsstufen kooperiert wird. Dies bedeutet auch eine Vielzahl von verschiedenen Bereichszielen, die aufeinander abgestimmt werden müssen. Dazu erfordert es häufig ein gut abgestimmtes Projektmanagement. Dafür ist es wichtig alle beteiligten Mitarbeiter, aber auch die Gesellschafter, die den

Einfluss der Stadt oder Politik in Gefahr sehen, in den Prozess der Kooperation einzubinden. Eine offene und frühzeitige Kommunikation ist dabei unabdingbar, um ein „Not invented-here-syndrom" zu vermeiden. Eine Unterstützung des Top-Managements bzw. der Geschäftsführung ist in diesem Kooperationstyp häufig notwendig, um auch bei Rückschlägen die Innovationsentwicklung nicht zu blockieren.

Ein weiterer zentraler Treiber dieses Kooperationstyps, ist die Schaffung vertraglicher Grundlagen im Vorfeld der Kooperation. Dabei konnte ein sehr signifikanter positiver Zusammenhang mit dem Erfolgsmaß „Wirtschaftlicher Erfolg" identifiziert werden. Zur Erklärung dieser Korrelation bietet es sich an, die Potentiale und Risiken des Kooperationstyps zu berücksichtigen. Auf der einen Seite können im Vergleich zu den anderen Kooperationstypen zwar höhere Synergiepotenziale erschlossen werden, auf der anderen Seite jedoch fließen auch höhere monetäre Investitionen in das Kooperationsprojekt, wodurch auch das Risiko von höheren Verlusten steigt. Durch den hohen Internalisierungsgrad und der Zusammenarbeit in vielen Wertschöpfungsstufen besteht die Gefahr des Know-how-Abflusses. Vor diesem Hintergrund wird klar, dass Verträge als Basis eine sehr hohe Bedeutung für diesen Kooperationstypus haben. Dabei ist zu beachten, dass bereits im Vertrag alle Rechte und Pflichten des Kooperationspartners geregelt werden und sich die ergebenden Erlöse und Verluste zwischen den Kooperationsbeteiligten aufteilen. Aufgrund der erhöhten Komplexität dieser Kooperation bietet es sich an, den Vertrag flexibel zu gestalten, um auch bei Bedarf Anpassungen vornehmen zu können.

Zu berücksichtigen ist jedoch, dass nicht alles in Verträgen geregelt werden kann und Vertrauen eine wesentliche Rolle in jeder Kooperationsform spielt. Aufgrund der hohen Komplexität, dem hohem Ressourcenaufwand und der Bedeutung von Verträgen kann eine Erfolgskontrolle helfen, Sicherheit und Vertrauen aufzubauen.

Maßnahme	Umsetzung	Erfolgskritische Elemente
„Detaillierte Planung vornehmen"	• Sicherstellung der Unterstützung des Top-Managements/der Geschäftsführung • Projektmanagement implementieren • Klar definierte Meilensteine und Projektpläne • Gemeinsame Standards • Feste Ansprechpartner installieren • Kundenmanagement implementieren	• Hoher Ressourcenaufwand • Abgrenzung der Verantwortlichkeiten
„Vertrag als Grundlage nutzen"	• Klärung von Vorbedingungen der Kooperation • Operative und strategische Erfolgskontrolle • Kompetenz- und Aufgabenverteilung sicherstellen	• Wahrung der Flexibilität • Aufteilung von Gewinnen und Verlusten • Gewährleistung der Rechte (z. B. Patente)
„Strategischen Partner-Fit gewährleisten"	• Intensives „Screening" der Partner • Prüfung langfristiger, strategischer Ziele der Kooperationspartner • Anpassung der organisatorischen Schnittstellen aller Unternehmensbereiche • Prüfung von Alternativen	• Hoher Verflechtungsgrad der Partner • Unterschiedliche Ziele der Unternehmensbereiche • Verlust an politischer Einflussnahme • „Exit-Kosten"

Tabelle 26: Maßnahmen und Umsetzung „Komplexe Partnerschaften"

6.4 „Strategische Partnerschaften"

Dieser Kooperationstyp zeichnet sich durch Minderheitsbeteiligungen aus. In den letzten Jahren haben sich viele Kommunen entschieden, ihre Unternehmen vollständig oder anteilig zu verkaufen. Größtenteils wurden dabei nur geringe Anteile an private Gesellschafter verkauft, um den Mehrheitseinfluss zu wahren. Im Gegensatz zu Fusionen bleibt in dieser Kooperation somit der Einfluss der Stadt bzw. der Kommune gesichert. Häufig werden bei diesen Anteilsverkäufen größere Verbundunternehmen, Regionalversorger und andere größere kommunale Energieversorgungsunternehmen zum Anteilsverkauf in Betracht gezogen.

In diesem Kooperationstypus konnte ebenfalls eine erhöhte Bedeutung der Kooperationsvoraussetzungen festgestellt werden. Der Kooperationstyp wird häufig mit mehr als zehn Partnern organisiert, sodass unterschiedliche Zielvorstellungen wahrscheinlich sind. Dabei ist wie in „komplexen Partnerschaften" wichtig, den potenziellen Partnerkreis einzugrenzen und eine systematische Partnersuche durchzuführen („Screening"). Dabei ist in diesem Kooperationstyp darauf zu achten, dass aufgrund der langfristigen Zusammenarbeit auch strategische Aspekte der Partnerwahl berücksichtigt werden. Dazu bietet es sich an, die Analyse der Wettbewerbsposition und die finanzielle Ausganglage des Partners zu beurteilen. Andernfalls können die aus der Prinzipal-Agent-Theorie bekannten asymmetrischen Informationsverteilungen zu negativen Folgen für die Beziehung führen („moral hazard"). Dazu gehören unter anderem die Auswahl ungeeigneter Partner, ein negativer Arbeitseinsatz und das bewusste Ausnutzen von Vertragslücken.

Ein weiterer signifikanter Zusammenhang des Kooperationserfolgs wurde mit der positiven Grundhaltung der betroffenen Personen festgestellt. Der Einstieg von Investoren ist häufig mit gewissen Ängsten der Mitarbeiter verbunden, die sich im Verlauf des Projektes in Ablehnung entwickeln können. Um diesem vorzubeugen, bietet es sich an, im Vorfeld verbindliche Aussagen und konkrete Vereinbarungen zu treffen. Um gezielte Maßnahmen zu entwickeln, bietet sich eine Stakeholderanalyse an. Damit kann sicherstellt werden, dass systematisch die vorhandenen Interessenlagen und Einflüsse der zentralen Personen berücksichtigt werden.

Hinsichtlich der Kooperationsgestaltung konnte ein signifikanter Zusammenhang zwischen dem Erfolg und organisationalen Komplementarität nachgewiesen werden. Da eine Vielzahl an verschiedensten Unternehmensbereichen und Wertschöpfungsstufen Gegenstand der Kooperation ist, kann ebenfalls von einer erhöhten Anforderung an die organisatorische Schnittstellenanpassung ausgegangen werden.

Maßnahme	Umsetzung	Erfolgskritische Elemente
„Ziele genauestens abstimmen"	• Prüfung langfristiger, strategischer Ziele der Kooperationspartner • Intensives „Screening" der Partner • Stakeholderanalyse • Prüfung von Alternativen	• Vielzahl an Partnern • Kosten der Informationssuche • „Moral hazard" • Zielinkompatibilitäten • Verlust an politischer Einflussnahme • „Exit Kosten"
„Positive Grundhaltung gewährleisten"	• Akzeptanz der Mitarbeiter schaffen • Akzeptanz der Öffentlichkeit/ Kunden	• Widerstand der Gesellschafter und Mitarbeiter • Widerstand der Kunden und Öffentlichkeit • Erhöhter Kommunikationsbedarf
„Organisatorische Anpassung gewährleisten"	• Anpassung der organisatorischen Schnittstellen aller Unternehmensbereiche • Projektmanagement implementieren • Etablierung von Kontrollmechanismen	• Hoher Verflechtungsgrad der Partner • Unterschiedliche Ziele der Unternehmensbereiche • Längere Entscheidungszeiten • Flexibilitätsverluste

Tabelle 27: Maßnahmen und Umsetzung „Strategische Partnerschaften"

6.5 Netzwerk-Partnerschaften

Kooperationen dieser Art werden in einem interorganisationalen Netzwerk durchgeführt. Der Kooperationstyp unterscheidet sich durch die hohe Anzahl der Kooperationspartner grundlegend von anderen Kooperationstypen. Ein Großteil dieser Kooperationen besteht aus mehr als zehn Partnern. Größtenteils wird dabei mit Stadtwerken zusammengearbeitet. Dabei arbeiten Stadtwerke entweder in mehreren Bereichen zusammen oder konzentrieren sich bereichsspezifisch zum Beispiel auf die Beschaffung von Strom und Gas.

Dabei können unter bestimmten Voraussetzungen große Kostensenkungspotentiale durch die Nachfragebündelung erschlossen werden. Ein großer Vorteil ist der Erhalt der Eigenständigkeit.

Im Bereich der „Netzwerk-Partnerschaften" ist den Kooperationsvoraussetzungen ebenfalls eine erhöhte Bedeutung beizumessen. Ein zentrales Erfolgskriterium ist die Sicherstellung einer positiven Grundhaltung der Beteiligten. Hierzu konnte ein starker, sehr signifikanter Zusammenhang mit dem Erfolgsmaß „Zufriedenheit" nachgewiesen werden. Eine Erklärung dazu bietet die Angst vieler Mitarbeiter durch die Reduktion der Kosten und Aufwände, auch ihre Arbeitsstelle zu verlieren. Um Ängsten vorzubeugen, bietet es sich an, im Vorfeld verbindliche Aussagen und konkrete Vereinbarungen zu treffen. Dabei sind die grundsätzlichen Bedenken der Kommunen gegenüber dem Erhalt der Wertschöpfung in der Region zu bedenken.

Aufgrund der geringeren Beziehungsintensität und der hohen Anzahl an Partnern ist von einem erhöhten Risiko von opportunistischen Verhalten auszugehen. Daher sind im Vorfeld auch klare Regeln der Zusammenarbeit zu treffen. Dabei helfen können auch klar definierte und transparente Ziele der Kooperation, um die Messbarkeit der Zielerreichung zu erhöhen. Im Bereich von Einkaufsgemeinschaften könnte unter anderem der Einkaufspreis für ein Bezugsportfolio als Messgröße dienen (Sander, 2011: 220). Mit klaren Regeln zur Aufteilung von Gewinnen und Verlusten kann zudem die Verbindlichkeit der Kooperation erhöht und das Risiko von „Spillover-Effekten" minimiert werden.

Im Bereich der Rahmenbedingungen konnte ein sehr starker signifikanter Zusammenhang der politischen Lage mit dem Erfolgsmaß der Zufriedenheit bestimmt werden. Häufig hängt die gemeinsame Beschaffung von den Grenzkosten ab, die bei den Kommunalversorgern unterschiedlich sind. Dementsprechend ist genau zu prüfen, wann eine Bündelung des Einkaufs im Rahmen von Kooperationen Sinn macht. Ebenfalls ist zu berücksichtigen, dass kommunale Energieversorger unterschiedliche Laufzeiten in ihren bisherigen Beschaffungsverträgen aufweisen.

Maßnahme	Umsetzung	Erfolgskritische Elemente
„Positive Grundhaltung der Mitarbeiter sicherstellen"	• Akzeptanz der Mitarbeiter schaffen • Offene und ehrliche Kommunikation • Aufbau von Vertrauen	• Personalabbau • Ablehnung der Projekte „Not-invented-here Syndrom"
„Politische Voraussetzungen prüfen"	• Schaffung politischer Akzeptanz • Prüfung der Voraussetzungen des Kooperationspartners	• Politische Zweifel am Erhalt der Wertschöpfung in der Region • Machtinteressen • Uneinheitliches politisches Umfeld
„Koordinationskosten begrenzen"	• Regeln der Zusammenarbeit im Vorfeld klären • Klare Abgrenzung der • Verantwortlichkeiten/Gewinne und Verluste • Organisatorische Schnittstellen klären	• Kosten-Nutzen-Relation • Unterschiedliche Grenzkosten • Hohe Koordinationskosten • Opportunistisches Verhalten

Tabelle 28: Maßnahmen und Umsetzung „Netzwerk-Partnerschaften"

7   Zusammenfassung und Diskussion

In der Untersuchung konnte festgestellt werden, dass sich die Rahmenbedingungen aufgrund der Marktliberalisierung und Energiewende deutlich verändert haben. Vor dem Hintergrund der wachsenden Bedeutung von Kooperationen, aber auch dem zusätzlichen Bedarf an Innovationen, wurden drei Forschungsfragen formuliert, die in diesem Kapitel abschließend aufgegriffen werden.

Im Rahmen der ersten Forschungsfrage sollten die Perspektiven der kommunalen Energieversorgung vor dem Hintergrund der spezifischen Rolle von Stadtwerken aufgezeigt werden. Dazu wurden zunächst die Legitimation sowie die rechtlichen und marktwirtschaftlichen Anforderungen diskutiert. Im Verlauf der Arbeit konnte festgestellt werden, dass Stadtwerke sowohl eine ökonomische, als auch eine juristische Legitimation besitzen. Insbesondere durch den hohen Anteil der erneuerbaren Energien und der klimaschonenden Kraft-Wärme-Kopplung sind Stadtwerke nicht nur ein wesentlicher Wirtschaftsfaktor, sondern leisten gleichzeitig einen nachhaltigen Beitrag zur Energieversorgung. Hinsichtlich der juristischen Legitimation konnte festgestellt werden, dass Stadtwerke einem öffentlichen Gemeinwohlzweck dienen. Dieses Spannungsverhältnis von Wettbewerb und gesellschaftlicher Aufgabe ist nur eine von zahlreichen Herausforderungen, mit denen Stadtwerke zukünftig konfrontiert werden. Gleichzeitig stehen Stadtwerke vor der Aufgabe, den Ausbau der erneuerbaren Energien, die Reduzierung der Treibhausgasemissionen sowie die Steigerung der Energieeffizienz umzusetzen. Darüber hinaus sehen sich Stadtwerke stetig ändernden Marktbedingungen, wachsenden Qualitätsansprüchen und neuen Kundenanforderungen gegenüber.

Dabei konnte herausgestellt werden, dass aus den zusätzlichen Anforderungen auch nachhaltige Chancen zur Marktpositionierung erwachsen. Dies wird zum einen durch den Trend zur Regionalisierung der Energieversorgung sichtbar, der für kommunale Energieversorgungsunternehmen aufgrund ihrer schon bestehenden dezentralen Strukturen deutliche Vorteile bietet. Ein wichtiger Wettbewerbsvorteil stellt ebenfalls die örtliche Nähe und somit starke Bindung zu den Kunden dar. Dass dies ein wichtiger Faktor der Wettbewerbsfähigkeit ist, zeigt das derzeitige Wechselverhalten von Verbrauchern. Dabei geht es diesen Verbrauchern nicht mehr ausschließlich um den Preis. Auch Servicequalität, Energieberatung und das Angebot ökologischer Produkte spielen bei der Kundenbindung eine wichtige Rolle. Dabei wird zukünftig interessant sein, inwiefern Stadtwerke ihre Kenntnis über örtliche Gegebenheiten nutzen und ihre Vorbildrolle weiter ausbauen. Hinsichtlich der Anforderungen haben Stadtwerke erkannt, dass eine Zusammenarbeit mit anderen Partnern aus verschiedenen Gründen vorteilhaft ist. Dabei können zum einen die Investitions- und Finanzierungsrisiken sowie Transaktionskosten vieler Projekte gesenkt werden. Zudem kann zusätzliches Wissen aufgebaut werden, um den Anforderungen der gestiegenen Komplexität der Geschäftsprozesse gerecht zu werden.

Ein weiteres Ergebnis dieser Arbeit ist, dass die Entwicklung von Innovationen ein Schlüsselfaktor für eine nachhaltige Marktpositionierung von Stadtwerken sein wird. Insbesondere aufgrund der hohen politischen Ziele, wie der Steigerung der Energieeffizienz in allen Verbrauchssektoren, der weitere Ausbau der erneuerbaren Energien und der Ausbau und die Umgestaltung der Stromnetze erfordern zusätzliche Innovationen. Die Innovationsentwicklung von Stadtwerken weist gegenwärtig jedoch nur eine geringe Institutionalisierung auf.

Bei der Beurteilung der Innovativität von Stadtwerken ist die zentrale Aufgabe der Daseinsvorsorge zu berücksichtigen. Das Geschäftsmodell von Stadtwerken ist die wirtschaftlich effiziente Bereitstellung von Infrastrukturen und Dienstleistungen in wettbewerblichen oder den regulierten Bereichen der Daseinsvorsorge. Kommunale Energieversorger haben damit eine gesell- schaftspolitische Aufgabe und sind dem Gemeinwohl verpflichtet. Ebenfalls konnte festgestellt werden, dass gesetzliche Rahmenbedingungen im Ge- meindewirtschaftsrecht derzeit kommunale Energieversorger bei der Innovati- onsentwicklung beeinträchtigen. Daher wird zukünftig die Frage sein, ob Stadtwerke genauso wie private Energieversorger in den Wettbewerb treten können. Um im Wettbewerb mit privaten Energieversorgern bestehen zu kön- nen, bedarf es zukünftig sowohl eines Kooperations- als auch eines verbes- serten Innovationsmanagements. Auf Basis dieser Erkenntnisse konnten zentrale Treiber und Barrieren von Innovationskooperationen ermittelt werden. Diese Analyse bildete den Kern der empirischen Studie. Aufgrund der hetero- genen Kooperationsstrukturen in der kommunalen Energieversorgung und den bisher nicht empirisch untersuchten Innovationskooperationen von Stadt- werken konnten im Rahmen der Operationalisierung vier Kooperationstypen identifiziert werden, die sich in ihren Kooperationsstrukturen unterscheiden.

Der Kooperationstyp „Einfache Partnerschaften" weist die Form einer Dienst- leistungsbeziehung auf. Charakteristische Merkmale sind hier insbesondere die geringe Intensität mit einem hohen Marktbezug. Als Kooperationspartner werden insbesondere Partner aus regionaler Umgebung gewählt, die jedoch aus unterschiedlichen Wertschöpfungsstufen stammen. Im Bereich der Inno- vationsentwicklung sind eher inkrementelle Innnovationen zu erwarten, die auf eine Erweiterung von Wissen abzielen. Als zentrale Treiber und Barrieren konnten „Übereinstimmung der Partnerziele", „Detaillierte Planung", „Vertrau- en" „Kommunikation" und die „politischen Lage" ermittelt werden.

Der Kooperationstyp „Komplexe Partnerschaften" weist die Kooperationsfor- men Joint Venture und Fusionen auf. Er grenzt sich zu anderen Kooperations- typen durch die hauptsächliche Wahl von Partnern aus dem ganzen Bundes-

gebiet ab. Zudem weist er eine hohe strategische und operative Beziehungsintensität auf. Aufgrund des hohen Internalisierungsgrades sind viele Wertschöpfungsstufen der Stadtwerke Teil der Kooperation. Im Bereich der Innovationsentwicklung grenzt sich der Kooperationstyp durch höhere monetäre
Investitionen und durch die Gewinnung neuer Erkenntnisse ab. Als zentrale
Treiber wurden „Übereinstimmung der Ziele" und der „Vertrag als Kooperationsgrundlage" identifiziert.

Der Kooperationstyp „Strategische Partnerschaften" umfasst die Kooperationsform Beteiligung, in der größtenteils geringe Anteile an private Gesellschafter verkauft werden. Als Kooperationspartner kommen größere Verbundunternehmen, Regionalversorger und andere größere kommunale Energieversorgungsunternehmen in Betracht, die hauptsächlich aus dem regionalen Umfeld stammen. Der Kooperationstyp zeichnet sich durch viele Kooperationspartner und eine hohe Intensität der Beziehung aus. Der Kooperationstyp
weist als zentrale Treiber „Übereinstimmung der Ziele", eine „Detaillierte Planung", die „strategische Bedeutung der Kooperation" sowie „Vertrauen" auf.
Der Kooperationstyp „Netzwerk-Partnerschaften" weist ebenfalls eine Vielzahl
von Kooperationen auf, unterscheidet sich jedoch durch eine geringe Intensität der Beziehung. Der Kooperationstyp beinhaltet vor allem die Zusammenarbeit mit Stadtwerken, die größtenteils bereichsspezifisch zusammenarbeiten. Ein wichtiger Bestandteil dieses Kooperationstypen sind Einkaufsgesellschaften. Hinsichtlich der Innovationsentwicklung zeigt sich eine Tendenz zur
Weiterentwicklung von bereits bestehendem Wissen. Als zentrale Treiber und
Barrieren konnten „Grundhaltung der Beteiligten", „Politische Lage" und
„Übereinstimmung der Ziele" identifiziert werden.

Das Ziel der dritten Forschungsfrage bestand in der Ableitung von Handlungsempfehlungen für ein nachhaltiges Kooperationsmanagement. Dazu
wurden Maßnahmen und ihre konkrete Umsetzung sowie erfolgskritische

Elemente aus den identifizierten Treibern und Barrieren abgeleitet. Tabelle 32 stellt eine Zusammenfassung der Ergebnisse dar.

	„Einfache Partnerschaften"	„Komplexe Partnerschaften"	„Strategische Partnerschaften"	„Netzwerk-Partnerschaften"
Strukturmerkmale	• Dienstleistungs-beziehungen • Geringe Anzahl an Partnern • Regionales Umfeld • Vertikale/ Laterale Kooperationsrich-tung • Geringe Kenntnis über Kooperati-onspartner • Kurze Zeitdauer • Geringe Bezie-hungsintensität	• Joint Venture und Fusionen • Nationale Partner • Geringe Partneranzahl • Horizontale Kooperati-onsrichtung (Stadtwerke und EVU) • Lange Zeitdauer • Hohe Beziehungsinten-sität • Hohe Komplexität (Anzahl neuer Wert-schöpfungsstufen) • Kenntnis des Partners	• Beteiligung • Große und Kleine Kooperationen • Regionales Umfeld • Horizontale Kooperationen • Hohe Beziehungs-intensität • Strategische, langfristige Zu-sammenarbeit • Geringe Kenntnis über Kooperati-onspartner • Konventionelle Wertschöpfungs-stufen	• Netzwerke • Hohe Anzahl der Partner (>10) • Alte Wertschöpfungs-stufen • Beschaffungs-kooperationen • Horizontale, vertikale und laterale Kooperationen • Regionales Umfeld • Geringe Beziehungsin-tensität
Top Treiber und Barrieren	• Gesetzliche Vorgaben • Übereinstimmung der Partnerziele • Kommunikation • Vertrauen	• Vertrag als Grundlage • Übereinstimmung der Partnerziele	• Übereinstimmung der Ziele der Part-ner • Detaillierte Planung • Grundhaltung	• Grundhaltung • Politische Lage • Einbettung in strategi-sche Ziele • Übereinstimmung der Partnerziele
Erfolgskritische Elemente	• Unterschiedliche Ziele der Partner • Operative Eignung des Partners • Opportunismus • „Spillover-Effekte"	• Ressourcenaufwand • Abgrenzung von Verantwortlichkeiten • Wahrung der Flexibilität (Verträge) • Gewinn/ Verlust-Aufteilung • Rechte (Patente) • Exit Kosten • Akzeptanz	• Vielzahl an Partnern • Exit-Kosten • „Moral hazard" • Verlust an politi-scher Einfluss-nahme • Akzeptanz • Flexibilitäts-verluste	• Operative Eignung des Partners • Koordinationskosten (viele Partner) • Opportunistisches Verhalten • Akzeptanz der Mitarbeiter
Eignung zur Innovations-entwicklung	• Geringe Risiken • Geringe monetäre Investitionen • Innovation baut auf vorhandenem Wissen auf und erweitert oder verbessert bereits existierende Pro-dukte/ Prozesse/ DL • Inkrementelle Innovationen	• Alle Innovationsarten • Höhere Risiken • Suche nach neuen Erkenntnissen für neu entstehende Kunden und Märkte • „Radikale" Innovationen • Innovationsentwicklung in neuen Wertschöp-fungsstufen	• Erweiterung von Wissen • Höhere Investitio-nen • Geringe Risiken • Inkrementelle Innovationen	• Weiterentwicklung von bestehendem Wissen • Vermehrt organisatori-sche- und Prozessinno-vationen • Erweiterung von Wissen • Inkrementelle Innovati-onsentwicklung

Tabelle 29: Zusammenfassung

Insgesamt zeigen die Ergebnisse eine hohe Bedeutung der Kooperationsvo-raussetzungen, die im Vorfeld der Kooperation zu prüfen sind. Dazu gehört die Wahl der richtigen Partner, aber auch die Einbettung der Kooperation in die eigene Organisation. Anhand der Ergebnisse ist auch den rechtlichen und politischen Rahmenbedingungen bei Innovationskooperationen eine wesentliche Rolle beizumessen. Die Untersuchungen zeigen auf, dass in sehr unterschiedlichen Formen mit verschiedenen Zielen und Schwerpunkten kooperiert wird.

Angesichts der zukünftigen Entwicklungen am Energiemarkt ist nicht zu erwarten, dass Stadtwerke zukünftig wieder größtenteils alleine agieren werden. Vielmehr wird sich der Anteil der Kooperationen noch erhöhen. Interessant wird sein, inwieweit Stadtwerke ein systematisches Innovationsmanagement installieren. Um den politischen Erwartungen an die kommunale Energieversorgung gerecht zu werden, wird die Innovationsentwicklung zukünftig zentrales Handlungsfeld von Stadtwerken sein. Dabei muss der Vergleich zu den Verbundunternehmen und Regionalversorgern keineswegs gescheut werden. Durch die Nähe zum Kunden sowie der zunehmenden Dezentralisierung der Energieerzeugung weisen Stadtwerke hohe Innovationspotentiale auf, die langfristig die Wettbewerbsfähigkeit steigern können.

Anhang

Anhang 1: Fragebogen und Anschreiben

C	A	U		Wirtschafts- und
			Christian-Albrechts-Universität zu Kiel	Sozialwissenschaftliche Fakultät

Lehrstuhl für Technologiemanagement, Christian-Albrechts-Universität zu Kiel, 24118 Kiel

Sehr geehrte(r)...

der Lehrstuhl für Technologiemanagement an der Christian-Albrechts-Universität zu Kiel untersucht in einer deutschlandweiten Studie die Bedeutung von Kooperationen zur Entwicklung von Innovationen. Befragungsteilnehmer sind ausschließlich kommunale Energieversorger, für die zukünftige Kooperationsstrategien analysiert werden.

Das Ziel dieser Studie ist es, ausschlaggebende Faktoren für erfolgreiche Kooperationen zur Entwicklung von Innovationen zu identifizieren. Dafür werden sowohl Treiber und Erfolg von Kooperationen, als auch innovative Geschäftsfelder untersucht, in denen Kooperationen zukünftig relevant werden.

Die Untersuchung wird vom Lehrstuhl für Technologiemanagement an der Christian-Albrechts-Universität zu Kiel, mit ideeller Unterstützung durch den Verband kommunaler Unternehmen und der 67rockwell Consulting GmbH durchgeführt.
Um Ihnen das Ausfüllen des Fragebogens so einfach wie möglich zu gestalten, können Sie den Fragebogen online unter folgender Adresse aufrufen:

www.inno-evu.de

tan: innovation

Alternativ können Sie den beigefügten Fragebogen an die Faxnummer 0431/ 880-1166 senden. Bitte beachten Sie, dass jeder Teilnehmer zum Erfolg der Studie beiträgt. Die Befragung ist mit 15 Minuten sehr kurz und enthält größtenteils Multiple-Choice-Fragen.

Jedem teilnehmenden Energieversorger werden die anonymisierten Studienergebnisse zur Verfügung gestellt.

Bei Rückfragen wenden Sie sich gerne an Heiner Lütjen, E-Mail: Heiner.Luetjen@67rockwell.de

Wir bitten um eine Teilnahme an der Studie bis zum 15.08.2013. Vielen herzlichen Dank!

Mit freundlichen Grüßen

Heiner Lütjen

EvaSys	Entwicklungskooperationen von Stadtwerken	▨ Electric Paper

Christian Albrechts Universität zu Kiel

Professur für Technologiemanagement

Markieren Sie so: ☐ ▨ ☐ ☐ ☐ Bitte verwenden Sie einen Kugelschreiber oder nicht zu starken Filzstift. Dieser Fragebogen wird maschinell erfasst.
Korrektur: ☐ ▨ ☐ ▨ ☐ Bitte beachten Sie im Interesse einer optimalen Datenerfassung die links gegebenen Hinweise beim Ausfüllen.

1. Einführung

Herzlich Willkommen zur Studie der Professur für Technologiemanagement an der Universität Kiel

Vertraulichkeit der Daten
Alle erhobenen Daten werden streng vertraulich behandelt und nicht mit Dritten geteilt oder an Dritte weitergeleitet. Die Ergebnisse werden in kombinierter statistisch verarbeiteter Form dargestellt, sodass keine Rückschlüsse auf einzelne Unternehmen, Personen oder Vorhaben gezogen werden können.

Befragungsleitfaden
Bitte beantworten Sie die Fragen so vollständig und genau wie möglich. Sollten die geforderten Angaben nicht verfügbar sein, bitten wir Sie um eine fundierte Einschätzung. Bitte nehmen Sie sich für den Fragebogen 15 Minuten Zeit.

Ansprechpartner bei Rückfragen
Heiner Lütjen
Telefon: +49 151 5716 5803
E-Mail: Heiner.Luetjen@67rockwell.de

Fragebogenstruktur
Der vorliegende Fragebogen gliedert sich in die folgenden Abschnitte:

A. Fragen zur Charakteristik einer Kooperation
B. Fragen zum Kooperationserfolg
C. Fragen zur Innovation
D. Allgemeine Fragen

Vielen herzlichen Dank für Ihre Bereitschaft zur Teilnahme an dieser Untersuchung.

EvaSys	Entwicklungskooperationen von Stadtwerken	▨ Electric Paper

2. Auswahl der Kooperation

Bitte wählen Sie zur Beurteilung im Folgenden eine Kooperation aus
- die abgeschlossen ist oder schon mindestens 1 Jahr existiert,
- die gemeinsam mit mindestens einem Partner oder im Netzwerk besteht,
- die eine formalisierte Struktur besitzt (z. B. Kooperationsvertrag, keine Arbeitsgemeinschaften)
- die es **bevorzugt** zum Ziel hat eine Innovation zu entwickeln.

Unter Innovation ist ein neues Produkt oder eine neue Dienstleistung, aber auch eine maßgebliche Veränderung interner Prozesse zu verstehen.

3. Fragen zur Charakteristika einer Kooperation

3.1 Ist die Kooperation schon abgeschlossen?   ☐ Ja   ☐ Nein

Wie lange dauert die Zusammenarbeit mit dem/ den Kooperationspartner(n)?

3.2 Von (in TT.MM.JJ)

☐

3.3 Bis (in TT.MM.JJ, falls beendet)

☐

3.4 Geografischer Bereich der Kooperation   ☐ Regional   ☐ National   ☐ International

3.5 Kooperationsform   ☐ Fusion   ☐ Joint Venture   ☐ Beteiligung
                                               ☐ Netzwerk   ☐ Zweckverband   ☐ Dienstleistung-
                                                                                     sbeziehung

3.6 Andere Kooperationsform (Bitte spezifizieren)

☐

3.7 Welche konventionellen Wertschöpfungsstufen sind Gegenstand der Kooperation?
   ☐ Erzeugung   ☐ Verteilung/ Netz   ☐ Vertrieb/ Marketing
   ☐ Handel   ☐ Asset Management/Service   ☐ Shared Service
   ☐ Beschaffung   ☐ Abrechnung   ☐ Andere konventionelle
                                                              Wertschöpfungsstufen

3.8 Welche neuen Wertschöpfungsstufen sind Gegenstand der Kooperation?
   ☐ Speichertechnologien   ☐ Virtuelle Kraftwerke   ☐ Kombiprodukte
   ☐ Smart Home   ☐ Mehrwertdienste   ☐ Demand Supply Management
   ☐ Dezentrale Energieerzeugung ☐ Energieeffizienz   ☐ Andere
   ☐ Keine neue
     Wertschöpfungsstufe

3.9 Gab es mit den bestehenden Partnern   ☐ Ja   ☐ Nein
    schon vorherige Kooperationen?

3.10 Wer hat die Kooperation initiiert?   ☐ eigenes   ☐ Kooperations-   ☐ gemeinsam
                                               Unternehmen   partner

3.11 Andere Initiatoren der Kooperation (Bitte spezifizieren)

☐

	trifft überhaupt nicht zu					trifft vollkommen zu
3.12 Die Kooperationspartner sind gemeinsam operativ am Markt tätig	☐	☐	☐	☐	☐	
3.13 Die Kooperationspartner arbeiten strategisch zusammen	☐	☐	☐	☐	☐	
3.14 Unser Unternehmen bringt mehr Ressourcen und Fähigkeiten ein als die Mehrheit der Kooperationspartner	☐	☐	☐	☐	☐	
3.15 Unser Unternehmen spielt eine führende und zentrale Rolle in der Kooperation	☐	☐	☐	☐	☐	
3.16 Unser Unternehmen übernimmt größtenteils koordinative Aufgaben	☐	☐	☐	☐	☐	
3.17 Die Ressourcenkomplementarität der Partner ist hoch	☐	☐	☐	☐	☐	

3.18 Anzahl der Kooperationspartner: ☐ 1-2   ☐ 3-4   ☐ 5-10
                                             ☐ >10

3.19 Bitte geben Sie die beteiligten Partner der Kooperation an:
   ☐ Stadtwerke   ☐ Andere   ☐ Zulieferer
                                 Energieversorgungsunternehmen
   ☐ Universitäten/   ☐ Kunden   ☐ Finanzinvestoren
     Forschungseinrichtungen
   ☐ Unternehmen anderer
     Branchen

3.20 Andere, wenn ja welche

☐

3.21 Wurde die Kooperation durch ein externes   ☐ Ja   ☐ Nein
     Forschungsprogramm (z.B. vom BMBF,
     BMU, EU) gefördert?

4. Fragen zum Erfolg der Kooperation

Bitte bewerten Sie die Relevanz der Kooperationsziele für Ihr Unternehmen

4.1	Strategische Ziele (Ressourcenzugang, Zugang zu neuen Märkten, Imagegewinn etc.)	geringe Relevanz	☐	☐	☐	☐	☐	hohe Relevanz
4.2	Wirtschaftliche Ziele (Gewinn, Rentabilität, Kostendegression etc.)		☐	☐	☐	☐	☐	
4.3	Technologische Ziele (Zugang zu neuen Technologien, Reduktion von Innovationszyklen, etc.)		☐	☐	☐	☐	☐	
4.4	Politisch/Rechtliche Ziele (Umsetzung rechtlicher Vorgaben, Wahrung kommunaler Interessen etc.)		☐	☐	☐	☐	☐	

Welche Beiträge hat die ausgewählte Kooperation bisher für Ihr Unternehmen geleistet?

4.5	Ausbau/ Verbesserung der strategischen Position	kein Beitrag	☐	☐	☐	☐	☐	hoher Beitrag
4.6	Zugang zu Ressourcen		☐	☐	☐	☐	☐	
4.7	Reduktion der Wettbewerbsintensität		☐	☐	☐	☐	☐	
4.8	Steigerung der Kundenzufriedenheit		☐	☐	☐	☐	☐	

4.9	Zugang zu neuen Märkten/ Erschließung neuer Geschäftsfelder/ Kundensegmente	kein Beitrag	☐	☐	☐	☐	☐	hoher Beitrag
4.10	Aufbau von Markteintrittsbarrieren		☐	☐	☐	☐	☐	
4.11	Imagegewinn		☐	☐	☐	☐	☐	
4.12	Kurzfristige Gewinnerzielung		☐	☐	☐	☐	☐	
4.13	Langfristige Gewinnerzielung		☐	☐	☐	☐	☐	
4.14	Erzielung höherer Rentabilität		☐	☐	☐	☐	☐	
4.15	Verringerung des Investitionsrisikos bei Eintritt in neuen Markt		☐	☐	☐	☐	☐	
4.16	Ermöglichung einer umfangreichen Investition/ Risikominderung		☐	☐	☐	☐	☐	
4.17	Kostendegression durch Größenvorteile (Skaleneffekte)		☐	☐	☐	☐	☐	
4.18	Zugang zu neuen technologischen Möglichkeiten		☐	☐	☐	☐	☐	
4.19	Gemeinsame Entwicklung neuer Produkte/ Dienstleistungen/ Prozesse oder Geschäftsmodellen		☐	☐	☐	☐	☐	
4.20	Nutzung und Transfer technologischen Wissens des Partners		☐	☐	☐	☐	☐	
4.21	Reduktion von Innovationszyklen durch Ressourcenbündelung		☐	☐	☐	☐	☐	
4.22	Konzentration der eigenen Aktivitäten auf Kerntechnologien		☐	☐	☐	☐	☐	
4.23	Sicherung politischer Interessen		☐	☐	☐	☐	☐	
4.24	Umsetzung rechtlicher Vorgaben		☐	☐	☐	☐	☐	
4.25	Stärkung von kommunalen Unternehmen/ Erhalt der Wertschöpfung in der Region		☐	☐	☐	☐	☐	

5. Fragen zur Zufriedenheit mit der Kooperation

5.1	Alles in allem, die Zusammenarbeit mit den Kooperationspartnern ist erfolgreich	trifft überhaupt nicht zu	☐	☐	☐	☐	☐	trifft vollkommen zu
5.2	Wir sind zufrieden mit den Ergebnissen dieser Zusammenarbeit		☐	☐	☐	☐	☐	
5.3	Die Zusammenarbeit mit den Kooperationspartnern erfüllt unsere Erwartungen		☐	☐	☐	☐	☐	
5.4	Wir sind bereit eine weitere Zusammenarbeit in Zukunft einzugehen		☐	☐	☐	☐	☐	

6. Treiber und Barrieren der Kooperation

Bewerten Sie bitte die folgenden unternehmensspezifischen Treiber und Barrieren der Kooperation

6.1 Die Grundhaltung der beteiligten Personen und Gesellschafter in unserem Unternehmen hat die Kooperation gefördert — trifft überhaupt nicht zu ☐ ☐ ☐ ☐ ☐ trifft vollkommen zu

6.2 Die Bereitschaft unseres Unternehmens Entscheidungskompetenz abzugeben, war für die Kooperation vorteilhaft — ☐ ☐ ☐ ☐ ☐

6.3 Die Erfahrungen unseres Unternehmens mit anderen Kooperationen hat den Kooperationserfolg gefördert — ☐ ☐ ☐ ☐ ☐

6.4 Die Einbettung des Kooperationsprojektes in unsere strategische Zielplanung gestaltete sich schwierig — trifft überhaupt nicht zu ☐ ☐ ☐ ☐ ☐ trifft vollkommen zu

Bewerten Sie bitte die folgenden Treiber und Barrieren in Bezug auf den Kooperationspartner

6.5 Die Gesellschafterstruktur der Partner hat den Kooperationserfolg positiv beeinflusst — trifft überhaupt nicht zu ☐ ☐ ☐ ☐ ☐ trifft vollkommen zu

6.6 Die Übereinstimmung der Ziele unseres Unternehmens und unserer Partner hat die Kooperation gefördert — ☐ ☐ ☐ ☐ ☐

6.7 Komplementäre Ressourcen der Partner waren für die Kooperation vorteilhaft — ☐ ☐ ☐ ☐ ☐

6.8 Die organisationale Komplementarität (Kultur, Werte, Normen) der Partner war für den Kooperationserfolg relevant — ☐ ☐ ☐ ☐ ☐

6.9 Die fachlich Kompetenz der Partner war für die Kooperation vorteilhaft — ☐ ☐ ☐ ☐ ☐

6.10 Die Konkurrenzsituation der Partner hat die Kooperation behindert — ☐ ☐ ☐ ☐ ☐

6.11 Die unterschiedliche strategische Bedeutung der Kooperation für die Kooperationspartner war nachteilig — ☐ ☐ ☐ ☐ ☐

6.12 Die gründliche Auswahl von passenden Kooperationspartnern war für den Erfolg der Kooperation wichtig — ☐ ☐ ☐ ☐ ☐

Bewerten Sie bitte die folgenden Treiber und Barrieren hinsichtlich der Kooperationsstruktur

6.13 Die detaillierte Planung der Kooperation hat den Kooperationserfolg positiv beeinflusst — trifft überhaupt nicht zu ☐ ☐ ☐ ☐ ☐ trifft vollkommen zu

6.14 Der Vertrag als Kooperationsgrundlage war für die Kooperation vorteilhaft — ☐ ☐ ☐ ☐ ☐

6.15 Klare Funktions- und Kompetenzteilungen haben die Kooperation gefördert — ☐ ☐ ☐ ☐ ☐

6.16 Die häufige Abstimmung zwischen den Kooperationspartnern hat den Kooperationserfolg gefördert — ☐ ☐ ☐ ☐ ☐

6.17 Die hohe Kommunikationshäufigkeit war wichtig für den Kooperationserfolg — ☐ ☐ ☐ ☐ ☐

6.18 Vertrauen spielte für die Kooperation eine entscheidende Rolle — ☐ ☐ ☐ ☐ ☐

6.19 Die Verteilung von Kosten/ Erlösen war gerecht und hat den Kooperationserfolg positiv beeinflusst — ☐ ☐ ☐ ☐ ☐

6.20 Der Verlust an Flexibilität war für den Kooperationserfolg nachteilig — ☐ ☐ ☐ ☐ ☐

Bewerten Sie bitte die folgenden Treiber und Barrieren hinsichtlich der Rahmenbedingungen

6.21 Die regulatorischen/ gesetzlichen Vorgaben haben die Kooperation behindert — trifft überhaupt nicht zu ☐ ☐ ☐ ☐ ☐ trifft vollkommen zu

6.22 Die Einbindung des Betriebsrates spielte eine wichtige Rolle für den Kooperationserfolg — ☐ ☐ ☐ ☐ ☐

6.23 Die politische Lage hat den Kooperationserfolg beinträchtigt — ☐ ☐ ☐ ☐ ☐

7. Fragen zur Innovation

7.1 Welche der folgenden Innovationen werden auf Basis Ihrer Kooperation entwickelt? (Mehrfachangabe möglich)

☐ **Produktinnovation,** d.h. eines von Ihnen bisher nicht angebotenen Produkt oder Dienstleistung

☐ **Prozessinnovation,** d.h. eine von Ihnen unternehmensintern bisher nicht angewendete Produktions- oder Verfahrenstechnik oder eines internen Prozessablaufes

☐ **Organisatorische Innovation,** d.h. Änderung der organisatorischen Strukturen und administrativen Prozesse

☐ **Technologische Innovation,** d.h. eine Umsetzung von technologischem Wissen und Ideen in neue Produkte und Prozesse

☐ **Es wurde keine Innovation entwickelt**

7.2 Andere Innovation, wenn ja welche:

7.3 Die Innovation baut auf vorhandenem Wissen auf und erweitert oder verbessert bereits existierende Produkte/ Dienstleistungen/ Prozesse und Technologien für bereits bestehende Kunden   trifft überhaupt nicht zu ☐ ☐ ☐ ☐ ☐ trifft vollkommen zu

7.4 Bei der Innovation wird nach neuen Erkenntnissen für neu entstehende Kunden und Märkte gesucht   ☐ ☐ ☐ ☐ ☐

7.5 Die Innovation erfordert hohe monetäre Investitionen in Ressourcen, Kapital und Arbeit   ☐ ☐ ☐ ☐ ☐

7.6 Das Investitionsrisiko der Innovation ist hoch   ☐ ☐ ☐ ☐ ☐

7.7 Wir sehen uns mit der Innovation gezwungen, auf schon länger bestehende Standards und Kundenbedürfnisse zu reagieren   ☐ ☐ ☐ ☐ ☐

7.8 Wie hoch schätzen Sie die Wahrscheinlichkeit ein, in den nächsten 3 Jahren eine Kooperation zur Entwicklung von Innovationen einzugehen?   unwahrscheinlich ☐ ☐ ☐ ☐ ☐ sehr wahrscheinlich

7. Fragen zur Innovation

7.1 Welche der folgenden Innovationen werden auf Basis Ihrer Kooperation entwickelt? (Mehrfachangabe möglich)

☐ **Produktinnovation, d.h.** eines von Ihnen bisher nicht angebotenen Produkt oder Dienstleistung

☐ **Prozessinnovation, d.h. eine** von Ihnen unternehmensintern bisher nicht angewendete Produktions- oder Verfahrenstechnik oder eines internen Prozessablaufes

☐ **Organisatorische Innovation, d.h.** Änderung der organisatorischen Strukturen und administrativen Prozesse

☐ **Technologische Innovation,** d.h. eine Umsetzung von technologischem Wissen und Ideen in neue Produkte und Prozesse

☐ **Es wurde keine Innovation** entwickelt

7.2 Andere Innovation, wenn ja welche:

_____

7.3 Die Innovation baut auf vorhandenem Wissen auf und erweitert oder verbessert bereits existierende Produkte/ Dienstleistungen/ Prozesse und Technologien für bereits bestehende Kunden — trifft überhaupt nicht zu ☐ ☐ ☐ ☐ ☐ trifft vollkommen zu

7.4 Bei der Innovation wird nach neuen Erkenntnissen für neu entstehende Kunden und Märkte gesucht ☐ ☐ ☐ ☐ ☐

7.5 Die Innovation erfordert hohe monetäre Investitionen in Ressourcen, Kapital und Arbeit ☐ ☐ ☐ ☐ ☐

7.6 Das Investitionsrisiko der Innovation ist hoch ☐ ☐ ☐ ☐ ☐

7.7 Wir sehen uns mit der Innovation gezwungen, auf schon länger bestehende Standards und Kundenbedürfnisse zu reagieren ☐ ☐ ☐ ☐ ☐

7.8 Wie hoch schätzen Sie die Wahrscheinlichkeit ein, in den nächsten 3 Jahren eine Kooperation zur Entwicklung von Innovationen einzugehen? — unwahrscheinlich ☐ ☐ ☐ ☐ ☐ sehr wahrscheinlich

8. Allgemeine Fragen

8.1 Position im Unternehmen

_____

8.2 Anzahl Mitarbeiter   ☐ >10   ☐ >10-49   ☐ 50-250
☐ >250

8.3 Umsatz   ☐ >2 Mio.   ☐ >2-10 Mio   ☐ >10-50 Mio.
☐ >50 Mio.

8.4 Unternehmenssparten
☐ Strom   ☐ Gas   ☐ Wasser
☐ Fernwärme   ☐ ÖPNV   ☐ Abwasser
☐ Entsorgung   ☐ Bäder   ☐ weitere

8.5 Eigentum des Stadtwerkes/ Energieversorgers
☐ überwiegend privat   ☐ mehrheitlich kommunal   ☐ vollständig kommunal

8.6 Anmerkung zur Kooperation

_____

Bitte geben Sie im Folgenden Ihren Namen, Ihr Unternehmen und Ihre E-Mail Adresse an, damit wir Ihnen die Ergebnisse der Studie mitteilen können.

8.7 Ihr Name

_____

8.8 Ihre E-Mail Adresse

_____

Zur Stärkung der Studienergebnisse können Sie oder ein andere Beteiligter gerne eine zweite Kooperation Ihres Unternehmens bewerten.

Bei Fragen wenden Sie sich gerne an Herrn Heiner Lütjen unter der Nummer +49 151 5716 5803 oder per E-Mail an Heiner.Luetjen@67rockwell.de.

Anhang 2: Clusteranalyse

Cluster-Zugehörigkeit

Fall	8 Cluster	7 Cluster	6 Cluster	5 Cluster	4 Cluster	3 Cluster	2 Cluster
Dienstleistungsbeziehung	1	1	1	1	1	1	1
Fusion	2	2	2	2	2	2	1
Joint Venure	2	2	2	2	2	2	1
Zweckverband	2	2	2	2	2	2	1
Netzwerk	2	2	2	2	2	2	1
Beteiligung	3	3	3	3	3	3	2
Nationale Kooperationen	2	2	2	2	2	2	1
Regionale Kooperationen	4	4	4	4	4	3	2
Erzeugung	2	2	2	2	2	2	1
Verteilung	3	3	3	3	3	3	2
Vertrieb/Marketing	5	3	3	3	3	3	2
Handel	2	2	2	2	2	2	1
Asset Management	2	2	2	2	2	2	1
Shared Service	2	2	2	2	2	2	1
Beschaffung	6	5	5	5	4	3	2
Abrechnung	2	2	2	2	2	2	1
Kleine Kooperationen	1	1	1	1	1	1	1
Mittlere Kooperationen	2	2	2	2	2	2	1
Große Kooperationen	2	2	2	2	2	2	1
Sehr große Kooperationen	2	2	2	2	2	2	1
Stadtwerke	4	4	4	4	4	3	2
EVU	1	1	1	1	1	1	1
Zulieferer	2	2	2	2	2	2	1
Universität/ Forschungseinrichtung	2	2	2	2	2	2	1
Kunden	2	2	2	2	2	2	1
Finanzinvestoren	2	2	2	2	2	2	1
Andere Partner	2	2	2	2	2	2	1
Speichertechnologie	2	2	2	2	2	2	1
Virtuelle Kraftwerke	2	2	2	2	2	2	1
Kombiprodukte	2	2	2	2	2	2	1
Smart Home	2	2	2	2	2	2	1
Mehrwertdienste	2	2	2	2	2	2	1
Demand Supply Management	2	2	2	2	2	2	1
Dezentrale Energieerzeugung	2	2	2	2	2	2	1
Energieeffizienz	2	2	2	2	2	2	1
Kleine Unternehmen	2	2	2	2	2	2	1
Mittlere Unternehmen	7	6	6	2	2	2	1
Große Unternehmen	5	3	3	3	3	3	2
Sehr große Unternehmen	2	2	2	2	2	2	1
Operative Tätigkeit	6	5	5	5	4	3	2
Strategische Tätigkeit	6	5	5	5	4	3	2
Die Innovation baut auf vorhandenem Wissen auf	4	4	4	4	4	3	2
Neue Erkenntnisse für Innovation	8	7	2	2	2	2	1
Die Innovation erfordert hohe monetäre Investitionen	3	3	3	3	3	3	2
Die Innovation hat hohe Risiken	2	2	2	2	2	2	1
Reaktion auf bestehende Standards und Kundenbedürfnisse	7	6	6	2	2	2	1

Zuordnungsübersicht

| Schritt | Zusammengeführte Cluster | | Koeffizienten | Erstes Vorkommen des Clusters | | Nächster Schritt |
	Cluster 1	Cluster 2		Cluster 1	Cluster 2	
1	4	26	1,000	0	0	3
2	2	23	2,000	0	0	3
3	2	4	2,000	2	1	4
4	2	25	3,000	3	0	7
5	30	33	4,000	0	0	6
6	29	30	4,000	0	5	8
7	2	24	4,000	4	0	9
8	3	29	5,000	0	6	17
9	2	28	6,000	7	0	10
10	2	36	7,000	9	0	18
11	27	45	8,000	0	0	15
12	9	35	8,000	0	0	19
13	32	34	8,000	0	0	19
14	7	31	8,000	0	0	17
15	5	27	9,000	0	11	18
16	19	39	10,000	0	0	20
17	3	7	10,000	8	14	22
18	2	5	10,000	10	15	20
19	9	32	13,000	12	13	22
20	2	19	14,000	18	16	26
21	14	16	14,000	0	0	29
22	3	9	14,000	17	19	30
23	8	42	16,000	0	0	28
24	12	20	16,000	0	0	32
25	1	17	19,000	0	0	36
26	2	13	19,000	20	0	30
27	6	44	20,000	0	0	34
28	8	21	20,000	23	0	42
29	14	18	20,000	21	0	38
30	2	3	20,000	26	22	32
31	40	41	21,000	0	0	37
32	2	12	21,000	30	24	38
33	11	38	22,000	0	0	39
34	6	10	23,000	27	0	39
35	37	46	24,000	0	0	41
36	1	22	25,000	25	0	44
37	15	40	27,000	0	31	42
38	2	14	28,000	32	29	40
39	6	11	30,000	34	33	43
40	2	43	31,000	38	0	41
41	2	37	33,000	40	35	44
42	8	15	37,000	28	37	43
43	6	8	44,000	39	42	45
44	1	2	45,000	36	41	45
45	1	6	64,000	44	43	0

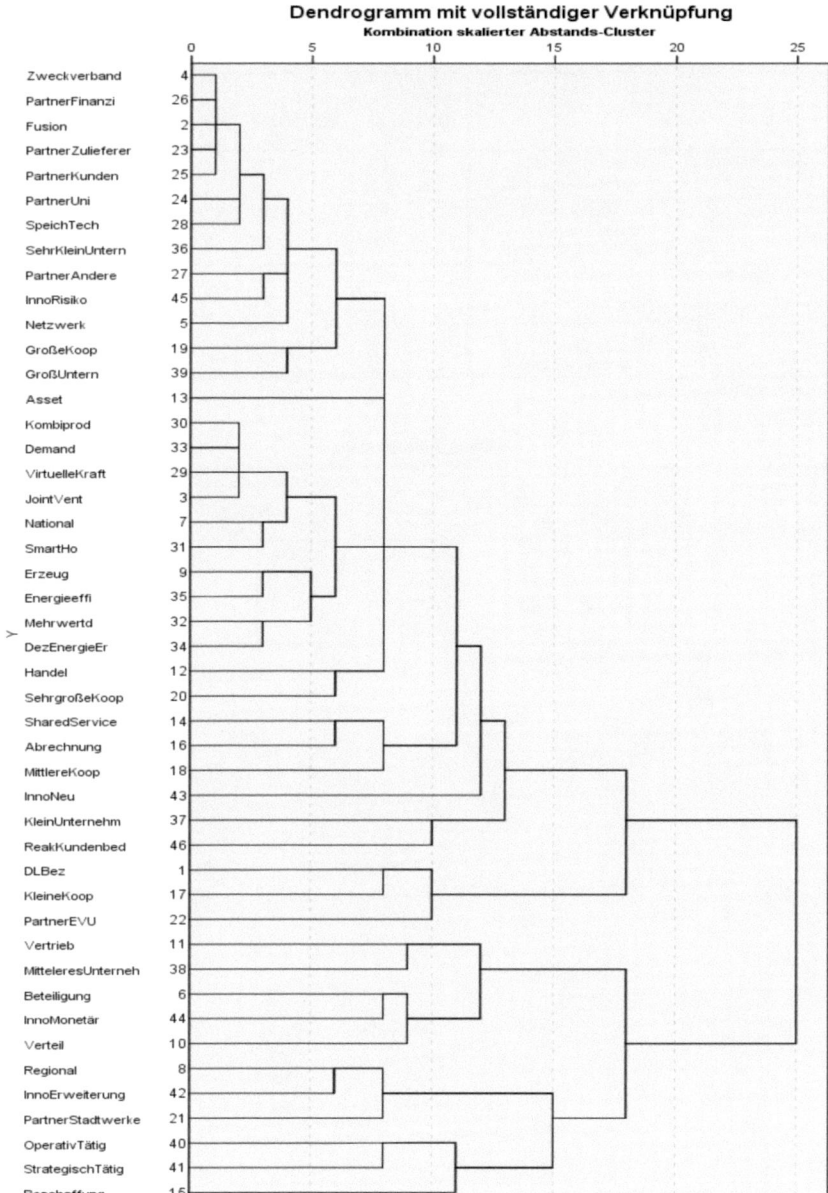

Dendrogramm mit vollständiger Verknüpfung
Kombination skalierter Abstands-Cluster

Anhang 3: Faktorenanalyse „Zufriedenheit

Anti-Image-Matrizen

		Gesamtzufrie denheit	Ergebniszufri edenheit	Partnerzufried enheit	Eingang neuer Kooperation in Zukunft
Anti-Image-Kovarianz	Gesamtzufriedenheit	,461	-,050	-,109	-,079
	Ergebniszufriedenheit	-,050	,250	-,167	-,031
	Partnerzufriedenheit	-,109	-,167	,219	-,054
	Eingang neuer Kooperation in Zukunft	-,079	-,031	-,054	,752
Anti-Image-Korrelation	Gesamtzufriedenheit	,881[a]	-,147	-,343	-,134
	Ergebniszufriedenheit	-,147	,723[a]	-,715	-,071
	Partnerzufriedenheit	-,343	-,715	,697[a]	-,134
	Eingang neuer Kooperation in Zukunft	-,134	-,071	-,134	,938[a]

a. Maß der Stichprobeneignung

Erklärte Gesamtvarianz

	Anfängliche Eigenwerte			Summen von quadrierten Faktorladungen für Extraktion		
Komponente	Gesamt	% der Varianz	Kumulierte %	Gesamt	% der Varianz	Kumulierte %
1	2,844	71,110	71,110	2,844	71,110	71,110
2	,664	16,601	87,711			
3	,356	8,912	96,624			
4	,135	3,376	100,000			

Extraktionsmethode: Hauptkomponentenanalyse.

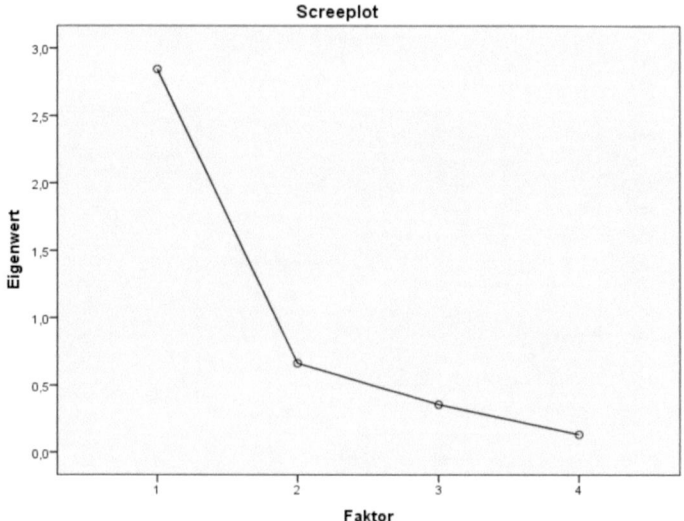

Anhang 4: Faktorenanalyse „Wirtschaftlicher Erfolg"

Item	Frage	Faktor1	Faktor 2	Faktor 3	Faktor 5	Faktor 5
Ausbau strategischer Position	4.5	-,134	-,061	,100	,439	,706
Zugang zu Ressourcen	4.6	,199	,232	,021	,013	,816
Reduktion der Wettbewerbsintensität	4.7	,340	,025	,138	,651	,264
Aufbau Markteintrittsbarrieren	4.10	,061	,144	-,181	,756	-,120
Erzielung höherer Rentabilität	4.14	-,005	,107	,765	-,015	-,085
Verringerung des Investitionsrisikos	4.15	-,408	,669	-,089	,319	,040
Risikominderung	4.16	,078	,783	,254	,018	,106
Kostendegression	4.17	,237	,122	,655	-,135	,295
Zugang zu neuen technol. Möglichkeiten	4.18	,224	,561	-,322	-,026	,466
Transfer technologischen Wissens	4.20	,514	,341	-,318	,060	,141
Reduktion von Innovationszyklen	4.21	,620	,567	,277	,041	-,005
Konzentration auf Kerntechnologien	4.22	,794	,033	,075	,260	,023
Sicherung politischer Interessen	4.23	-,136	,039	,152	,560	,195
Umsetzung rechtlicher Vorgaben	4.24	,770	-,139	,097	-,185	,082
Stärkung von kommunalen Unternehmen	4.25	,032	-,087	,685	,411	,005

Erklärte Gesamtvarianz

Komponente	Anfängliche Eigenwerte			Summen von quadrierten Faktorladungen für Extraktion			Rotierte Summe der quadrierten Ladungen		
	Gesamt	% der Varianz	Kumulierte %	Gesamt	% der Varianz	Kumulierte %	Gesamt	% der Varianz	Kumulierte %
1	3,300	22,001	22,001	3,300	22,001	22,001	2,345	15,636	15,636
2	2,033	13,557	35,557	2,033	13,557	35,557	1,949	12,990	28,626
3	1,899	12,663	48,221	1,899	12,663	48,221	1,937	12,914	41,540
4	1,409	9,392	57,612	1,409	9,392	57,612	1,898	12,653	54,193
5	1,125	7,497	65,109	1,125	7,497	65,109	1,637	10,916	65,109
6	,941	6,276	71,386						
7	,899	5,995	77,381						
8	,673	4,490	81,871						
9	,613	4,089	85,960						
10	,464	3,093	89,053						
11	,435	2,900	91,952						
12	,389	2,591	94,543						
13	,334	2,227	96,770						
14	,287	1,913	98,683						
15	,198	1,317	100,000						

Extraktionsmethode: Hauptkomponentenanalyse.

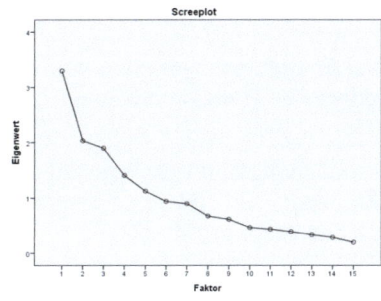

Screeplot

Literaturverzeichnis

Abel, J. (1992): Kooperationen als Wettbewerbsstrategien für Software Unternehmen, Frankfurt am Main: Lang.

Abernathy J. und Utterback W. (1975): A dynamic model of process and product innovation, *Omega*, Vol. 3, No. 6, 142-160.

Ambrosius, G. (2012): Geschichte der Stadtwerke; In: Bräunig, D./Gottschalk, W. (Hrsg.): Stadtwerke. Grundlagen, Rahmenbedingungen, Führung und Betrieb; 1. Auflage; Baden-Baden: Nomos Verlag; S. 35-53.

Amshoff, B. (1993): Controlling in deutschen Unternehmen. Realtypen, Kontext und Effizienz, 2. Aufl., Wiesbaden.

Arbeitsgemeinschaft Energiebilanzen e.V.(2012): Energieverbrauch in Deutschland im Jahr 2012 – Jahresbericht; Berlin: Selbstdruck.

Atteslander, P. und Kopp, M. (1995): Befragung, In: Roth, E. und Heidenreich, K. (Hrsg.): Sozialwissenschaftliche Methoden: Lehr- und Handbuch für Forschung und Praxis, 4. Auflage, München: Oldenburg, 146-174.

Atteslander, P. (2000): Methoden empirischer Sozialforschung, 9. Auflage, Berlin: Schmidt.

Atteslander, P. (2006): Methoden der empirischen Sozialforschung, 11. Auflage; Berlin: E. Schmidt.

Balderjahn, I. (2003): Validität, Konzept und Methoden, In: Wirtschaftswissenschaftliches Studium, Vol. 32, No. 3, 130-135.

Backhaus, K. / Erichson, B. / Plinke, W. / Weiber, R. (2006): Multivariate Analysemethoden – Eine anwendungsorientierte Einführung; 11. Auflage; Berlin: Springer.

Barnekow, S. (2009): Strategien kommunaler Energieversoger unter volatilen Marktbedingungen – Eine Analyse sozio-technischer Transformationen; Hamburg: Verlag Dr. Kovac.

Bender, G. und Laestadius, S. (2007): Innovationen ohne Wissenschaft und Forschung. In: Abel, J. und Hirsch-Kreinsen, H. (Hrsg.): Lowtech-Unternehmen am Hightech Standort; Berlin: edition sigma; 193-227.

BMFT - Bundesministerium für Forschung und Technologie (1982): Frascati Handbuch 1980 – Die Messung wissenschaftlicher und technischer Fähigkeiten; Bonn.

BMU (2010): Energiekonzept 2050 – Meilensteine und Bewertungen Via: http://www.bmu.de/themen/klima-energie/energiewende/beschluesse-und-massnahmen/energiekonzept-2050-meilensteine-langfristiger-entwicklungspfad-fuer-ambitionierte-klimaschutzziele-energieeffizienz-und-erneuerbare/ (Zugriff am 28.10.2013).

BMWi – Bundesministerium für Wirtschaft und Technologie (2003): Definition der Kleinstunternehmen sowie der kleinen und mittleren Unternehmen (KMU-Definition) Via: http://www.foerderdatenbank.de/Foerder-DB/Navigation/Foerderrecherche/suche.html?get=4aa561e46fff16fb87d819d0 9c769842;views;document&doc=2018 (Zugriff am: 28.10.2013).

Bortz, J. (1984): Lehrbuch der empirischen Forschung. Berlin: Springer.

Bott, A. (2000): Konzeption eines strategischen Instrumentes zur Gestaltung effizienter Kooperationen in Unternehmensnetzwerken auf der Basis von Logistikkompetenz; 2000; Berlin: Selbstdruck.

Britz, G. (2008): Rechtliche Rahmenbedingungen kommunalwirtschaftlichen Handelns in der Energieversorgung; In: Schneider, J-P. / Theobald, C. (Hrsg.): Recht der Energiewirtschaft – Praxishandbuch, 2. Auflage; München: Nomos Verlag; S. 152-186.

Brockhoff, K. (1997): Forschung und Entwicklung – Planung und Kontrolle, 4. Auflage; München: Oldenbourg.

Bronder, C. und Pritzl, R. (1992): Ein konzeptioneller Ansatz zur Gestaltung und Entwicklung strategischer Allianzen, In: Bronder, C. und Pritzl, R. (Hrsg.): Wegweiser für strategische Allianzen Wiesbaden, 152-186.

Brosius, F. (2012): SPSS 21, 1. Auflage, Zwickau: Westermann Druck.

Buchmann, F. (2009): Kommunale Energieversorgungsunternehmen in der Krise; Baden-Baden: Nomos Verlagsgesellschaft **Eichhorn, P. (2012):** Ökonomische Legitimation von Stadtwerken; In: Bräunig, D./Gottschalk, W. (Hrsg.): Stadtwerke. Grundlagen, Rahmenbedingungen, Führung und Betrieb; 1. Auflage; Baden-Baden: Nomos Verlag; S. 93-101.

Bühring, W. (2007): Kooperationen und Beteiligungen als eine Antwort auf den Liberalisierungsprozess II; In: Schöneich, M. (Hrsg.): Stadtwerke, Festschrift für Gerhard Widder, Frankfurt am Main, S. 319-355.

Bundeskartellamt (2011): Sektoruntersuchung Stromerzeugung Stromgroßhandel, Bericht gemäß §36e Abs. 3 GWB.

Bundesnetzagentur (2013): Monitoringbericht 2012 – Monitoringbericht gemäß § 63 Abs. 3 i.V.m. § 35 EnWG und § 48 Abs. 3 i.V.m. § 53 Abs. 3 GWB, Bonn: Selbstdruck.

Burgi, M. (2010): Neuer Ordnungsrahmen für energiewirtschaftliche Betätigung der Kommunen – Vorschlag für eine sektorenspezifische Modernisierung des kommunalen Wirtschaftsrechtes am Beispiel Nordrhein-Westfalen; Stuttgart: Beck Verlag.

Cassiman, C. und Veugelers, R. (2002): R&D Cooperation and Spillovers: Some Empirical Evidence from Belgium, The American Economic Review, Vol. 92, No. 4, 1169-1184.

Child, J. / Faulkner, D. / Tallman, S. (2005): Cooperative Strategy; 2. Auflage; New York: Oxford University Press.

Cullen, J.B.; Johnson J. L.; Sakano, T. (2000): Success through commitment and trust – The soft side of strategic alliance formation, Journal of World Business, Vol. 35, 223-241.

Das, T.K. und Temg, B.S. (2000): A resource-based theory of strategic alliances, Journal of Management, Vol. 26, S. 31-61.

Deutsche Bank (2012): Die Energiewende - Deutschlands große Herausforderung Via: www.dbresearch.de.

Dell, M. (2008): Kooperationen in Forschung und Entwicklung – Schriftenreihe des Wirtschaftsförderungsinstitutes, Nr. 335, Wien.

Deloitte & Touche GmbH Wirtschaftsprüfungsgesellschaft (2012): „Grüne" Kooperationen – Stadtwerke und ihr Beitrag zur Energiewende; Berlin: Selbstdruck.

Doz Y. (1996): The Evolution of Cooperation in Strategic Alliances – Initial Conditions or Learning Processes. Strategic Management Journal, 17, 55- 83.

Eberl, M. (2004): Formative und reflektive Indikatoren im Forschungsprozess: Entscheidungsregeln und die Dominanz des reflektiven Modells, In: Schriften zur Empirischen Forschung und Quantitativen Unternehmensplanung, Vol. 19, 1-34.

Eisele, J. (1995): Erfolgsfaktoren des Joint Venture Management, Wiesbaden: Gabler.

Eisenhardt, K.M (1989): Agency theory – An assessment and review, Academy of Management Review. Band 14, No. 1, 57–74.

Energieforen Leipzig GmbH und Logica Deutschland GmbH & Co KG (2012): Innovationen bei Stadtwerken und Regionalversorgern; Leipzig 2012: Selbstdruck.

Ermisch, R. (2007): Management Strategischer Kooperationen im Bereich Forschung und Entwicklung – Eine empirischer Untersuhchung von Technologieunternehmen in Deutschland und den USA; Wiesbaden: Deutscher Universitäts-Verlag.

Etter, C. (2003): Nachgründungsdynamik neugegründeter Unternehmen in Berlin im interregionalen Vergleich; Berlin; Selbstdruck.

Flick, U. (2007): Qualitative Sozialforschung; Reinbek: Rowohlt.

Fritsch, M., Lukas, R. (2001): Who cooperates on R&D – Research Policy 30, Technical University Bergakademie Freiberg, Faculty of Economics and Business Administration, Freiberg.

Friedrichs, J. (1990): Methoden empirischer Sozialforschung, 14. Auflage, Opladen: Westdeutscher

Fritz, W. (1992): Marktorientierte Unternehmensführung und Unternehmenserfolg - Grundlagen und Ergebnisse einer empirischen Untersuchung, Stuttgart: Schäffer-Poeschel.

Gerpott, T.J. (1993): Integrationsgestaltung und Erfolg von Unternehmensakquisitionen; Stuttgart: Schäffer-Poeschel.

Gong, Y., Shenkar, O., Luo, Y., Nyaw, M.K. (2007): Do multiple parents help or hinder international joint venture performance? The mediating roles of contract completeness and partner cooperation. Strategic Management Journal, Vol. 28, 1021-1034.

Gottschalk, W. (2012): Strukturen und Organisation von Stadtwerken; In: Bräunig, D./Gottschalk, W. (Hrsg.): Stadtwerke. Grundlagen, Rahmenbedingungen, Führung und Betrieb; 1. Auflage; Baden-Baden: Nomos Verlag; S. 53-73.

Granovetter, M.S.: The Strength of Weak Ties, American Journal of Sociology, Vol. 78, No. 6, 1360-1380.

Grupp, H. (1997): Messung und Erklärung des technischen Wandels – Grundzüge einer empirischen Innovationsökonomik; Berlin: Springer.

Gulati, R. (1995): Social Structure and Alliance Formation Patterns: A Longitudinal Analysis; Administrative Science Quarterly 40, No. 4, 619-652.

Gulati, R. (1998): Alliances and Networks, Strategic Management Journal, Vol. 19, No.4, 293-317.

Haenecke, H. (2002): Methodenorientierte Systematisierung der Kritik an der Erfolgsfaktorenforschung, Zeitschrift für Betriebswirtschaft, Vol. 72, No. 2, 165-183.

Hahn, K. (2013): Heterogene Akteure als Innovationspartner – Zur Strukturierung von Handeln in industriellen Innovationsprojekten; Wiesbaden: Springer Verlag In: Hilf, E. / Hirsch-Kreinsen, H. / Hitzler, R. Howaldt,H./ Naegele, G (Hrsg), Dortmunder Beiträge zur Sozialforschung.

Håkansson, H. (1989): Corporate Technological Behavior – Co-operation and Networks,. Routledge, Great Britain.

Håkansson, L. (1993): Managing cooperative research and development – partner selection and contract design, R&D Management, Vol. 23, No. 4, 273-285.

Hausschildt, J. (2004): Innovationsmanagement, 3. Auflage; München: Vahlen.

Hauschildt, J und Salomo, S. (2010): Innovationsmanagement; 4. Auflage; München: Vahlen.

He, Z.-L. und Wong, P.-H. (2004): Exploration vs. Exploitation: An Empirical Test of the Ambidexterity Hypotheses, Organization Science, Vol. 15, No. 4, 481-494.

Heidenreich, K. (1987): Grundbegriffe der Meß- und Testtheorie, In: Roth, E. (Hrsg.): Sozialwissenschaftliche Methoden – Lehr- und Handbuch für Forschung und Praxis; 2. Auflage; München, Wien: Oldenbourg.

Herrmann, B. (2012): Kommunale Strom- und Gaswirtschaft im Zeitalter der Anreizregulierung; In: Bräunig, D./Gottschalk, W. (Hrsg.): Stadtwerke. Grundlagen, Rahmenbedingungen, Führung und Betrieb; 1. Auflage; Baden-Baden: Nomos Verlag; S. 285-305.

Hille, D. (2003): Grundlagen des kommunalen Beteiligungsmanagements – Kommunale Unternehmen gründen, steuern und überwachen; München: Verlagsgruppe Hüthig-Jehle-Rehm.

Hoffmann, F. (1980): Führungsorganisation – Stand der Forschung und Konzeption; Band 1; Tübingen.

Homburg, C. und Rudolph, B. (1995): Theoretische Perspektiven zur Kundenzufriedenheit, In: Simon, H./Homburg, C. (Hrsg.): Kundenzufriedenheit – Konzepte, Methoden, Erfahrungen; 3. Auflage; Wiesbaden, 29-52.

Homburg, C. / Hermann, A. / Pflesser, C. (2000): Methoden der Datenanalyse im Überblick: In Hermann, A. / Homburg, C. (Hrsg.): Marktforschung, 2. Auflage; Wiesbaden; 103-123

Huggins, R. (2000): The Success and Failure of Policy-Implanted Inter-Firm Network Initiatives, Motivations, Processes and Structure, Entrepreneurship and Regional Development, Vol. 12, 111-135.

Jansen, J. J. P., Van Den Bosch, F. A. J., Volberda, H. W. (2006): Exploratory Innovation, Exploitative Innovation, and Performance – Effects of Organizational Antecedents and Environmental Moderators, Management Science, Vol. 52, No. 11, 1661-1674.

Jansen, D. / Barnekow, S. / Stoll, U. (2007): Innovationsstrategien von Stadtwerken – lokale Stromversorger zwischen Liberalisierungsdruck und Nachhaltigkeitszielen, Deutsches Forschungsinstitut für öffentliche Verwaltung Speyer, FÖV Discussion Papers 41, Speyer: Selbstdruck.

Kabst, R. (2000): Steigerung und Kontrolle Internationaler Joint Venture – Eine transaktionskostentheoretisch fundierte empirische Analyse,; München: Hampp.

Kale, P. / Singh, H. / Perlmutter, H. (2000): Learning and protection of proprietary assets in strategic alliances: building relational capital, Strategic Management Journal, Vol. 21, No.3, 217-237.

Kilian, U. (Hrsg.) (2003): Der Brockhaus, Naturwissenschaft und Technik; Mannheim: Brockhaus.

Klarmann, M. (2008): Methodische Problemfelder der Erfolgsfaktorenforschung – Bestandsaufnahme und empirische Analysen; Wiesbaden: Gabler.

Kleinknecht, A. und Reijnen, J. (1991): Why do firms cooperate on R&D? – An empirical study, Research Policy, Vol. 21, 347-361.

Kolloge, K. (2009): Die Messung des Kooperationserfolges in der empirischen Forschung – Ergebnisse einer Literaturstudie; Arbeitspapier des Instituts für Geowissenschaften, Vol. 76, Westfälische Universität, Münster.

Kropeit, G. (1998): Erfolgsfaktoren für die Gestaltung von FuE-Kooperationen, Dresden: Selbstdruck

Kubicek, H. (1975): Empirische Organisationsforschung – Konzeption u. Methodik; Stuttgart: Poeschel.

Kutschker, M. (1994): Strategische Kooperationen als Mittel der Internationalisierung, In: Schuster, L. (Hrsg.): Die Unternehmung im internationalen Wettbewerb; Berlin; 121-157.

Lenk, T. / Rottmann, O. (2007): Strategien von Stadtwerken – Status Quo und Perspektiven – Eine Studie des Kompetenzzentrum für Öffentliche Wirtschaft und Daseinsvorsorge der Universität Leipzig und smm management Beratung GmbH.

Lenk, T. / Rottmann, O. (2009): Perspektiven von Stadtwerken – Studie vor dem Hintergrund der Interdependenz von Wettbewerb und Daseinsvorsorge im Fokus eines regulierten Marktumfeldes, herausgegeben von der Commerzbank AG.

Lenk, T. und Rottmann, O. (2012): Horizontale Kooperationen von Stadtwerken; In: Bräunig, D./Gottschalk, W. (Hrsg.): Stadtwerke. Grundlagen, Rahmenbedingungen, Führung und Betrieb; 1. Auflage; Baden-Baden: Nomos Verlag; 199-221.

Lienert, G. A. (1989): Testaufbau und Testanalyse, 4. Auflage, München: Psychologie-Verlags-Union.

Lippold, D. (2012): Die Marketing-Gleichung: Einführung in das wertorientierte Marketingmanagement; Wiesbaden, Oldenbourg.

Lunnan, R. und Haugland, S. A. (2007): Predicting and measuring alliance performance: a multidimensional analysis, in: Strategic Management Journal, Vol. 28. 546-557.

Matiaske, W. (1992): Wertorientierungen und Führungsstil; Ergebnisse einer Felduntersuchung zum Führungsstil leitender Angesteller, Bern, Frankfurt./M., New York: Lang.

Mellewigt, T. (2003): Management von strategischen Kooperationen – eine ressourcenorientierte Untersuchung in der Telekommunikationsbranche; 1. Auflage; Wiesbaden: Deutscher Universitäts-Verlag

Michel, L. (2009): Management von Kooperation im Bereich Forschung und Entwicklung – Eine empirische Studie . In: Manz, C. (Hrsg.): Konstanzer Managementschrifte; Konstanz: Selbstdruck.

Mitritzikis, N. (2004): Management und Politik für technologische Innovationen – eine evolutorisch-kompetenzorientierte Betrachtung von Innovationssystemen, Stuttgart.

Mirow, C. (2010): Innovationsbarrieren; 1. Auflage; Wiesbaden: Gabler

Monopolkommission (2009): Strom und Gas 2009 – Energiemärkte im Spannungsfeld zwischen Politik und Wettbewerb, Sondergutachten Nr. 51.

OECD/ Eurostat (2005): Technologische Innovation Via: http://epp.eurostat.ec.europa.eu/statistics_explained/index.php/Glossary:Tech nological_innovation/de (Zugriff am 28.10.2013)

Oesterle (1993): Joint Ventures in Russland – Bedingungen, Probleme, Erfolgsfaktoren; Wiesbaden: Gabler **Parkhe, A. (2006):** Research Methods in Alliances, In: Shenkar, O. und Reuer, J. J. (Hrsg.): Handbook of Strategic Alliances, SAGE Publications, Thousand Oaks, 369-380.

Pielow, J-C. (2012): Ordnungs-und wirtschaftspolitische Rahmenbedingungen für Stadtwerke; In: Bräunig, D./Gottschalk, W. (Hrsg.): Stadtwerke. Grundlagen, Rahmenbedingungen, Führung und Betrieb; 1. Auflage; Baden-Baden: Nomos Verlag; S. 153.181.

Praetorius, B. (2012): Nachhaltige Energieversorgung der Zukunft: Die Rolle der Stadtwerke; In: Bräunig, D./Gottschalk, W. (Hrsg.): Stadtwerke. Grundlagen, Rahmenbedingungen, Führung und Betrieb; 1. Auflage; Baden-Baden: Nomos Verlag; S. 123-139.

PricewaterhouseCoopers AG (2011): Kooperation von Stadtwerken – heute noch ein Erfolgsmodell?; München: Selbstdruck.

Püttner, G. (2012): Stadtwerke zwischen Daseinsvorsorge und Wettbewerb; In: Bräunig, D./Gottschalk, W. (Hrsg.): Stadtwerke. Grundlagen, Rahmenbedingungen, Führung und Betrieb; 1. Auflage; Baden-Baden: Nomos Verlag; S. 139-153.

Raab-Steiner (2012): Der Fragebogen: von der Forschungsidee zur SPSS-Auswertung - The questionnaire: from the research idea to SPSS evaluation, 3. Auflage, Wien: Facultas.

Reck, H.J. (2012): Stadtwerke im Spannungsfeld vom öffentlichen Auftrag, sozialer Marktwirtschaft und Politik; In: Bräunig, D./Gottschalk, W. (Hrsg.): Stadtwerke. Grundlagen, Rahmenbedingungen, Führung und Betrieb; 1. Auflage; Baden-Baden: Nomos Verlag; S. 13-35.

Röber, M. (2012): Institutionelle Vielfalt und Neue Übersichtlichkeit – Zukunftsperspektiven Effizienter Steuerung Öffentlicher Aufgaben zwischen Public Management and Public Governance; Berlin: Berliner Wissenschaftsverlag.

Rödl & Partner (2013): Kooperationsstudie Energie – Bundesweite Untersuchung für kleine und mittlere Versorgungsunternehmen/Stadtwerke; Köln/Nürnberg: Selbstdruck.

Rotering, C. (1993): Zwischenbetriebliche Kooperation als alternative Organisationsform: ein transaktionskostentheoretischer Erklärungsansatz, Stuttgart: Schäffer-Poeschel.

Salomo, S. (2003): Konzept und Messung des Innovationsgrades - Ergebnisse einer empirischen Studie zu innovativen Entwicklungsvorhaben. In: Schwaiger, M / Harhoff, D. (Hrsg.): Empirie und Betriebswirtschaft: Entwicklungen und Perspektiven; Stuttgart; 399-427.

Sander, C. (2011): Kooperationen in der Energiewirtschaft – Eine empirische Analyse kommunaler Energieversorgungsunternehmen; Aachen: Shaker Verlag.

Sarkar, M.B., Echambadi, R., Harrison, J.S. (2001): Alliances Entrepreneurship and Firm Market Performance, Strategic Management Journal, Vol. 22, No.6/7, 701-711.

Saxe, A. (2009): Erfolgsfaktoren für Stiftungskooperationen – eine theoretische und empirische Analyse, Aachen: Shaker..

Schmidt, A. (2002): Stadtwerke auf neuen Märkten – Gemeinderechtliche Chancen umweltschonender Energiedienstleistungen; Frankfurt am Main : Peter Lang Europäischer Verlag der Wissenschaften.

Schnell, R. / Hill, P.B. / Esser, E: (2005): Methoden der empirischen Sozialforschung. München; Wien: Oldenbourg.

Schöneich, M. (2012): Strukturwandel der Stadtwerke; In: Bräunig, D./Gottschalk, W. (Hrsg.): Stadtwerke. Grundlagen, Rahmenbedingungen, Führung und Betrieb; 1. Auflage; Baden-Baden: Nomos Verlag; S. 73-93.

Schreyögg, G. und Kliesch, M. (2003): Rahmenbedingungen für die Entwicklung Organisationaler Kompetenzen, Arbeitsgemeinschaft Betriebliche Weiterbildungsforschung, Materialien No. 48.

Schwarting, G. (2000): Beteiligungs-Controlling in der Kommunalverwaltung – Steuerungsrelevante Vorschriften in den Gemeindeordnungen von Brandenburg und Rheinland-Pfalz, In: Finanzwirtschaft, Vol. 56, 65-71.

Shane, S. / Venkataraman, S. / MacMillan, I. (1995): Cultural differences in innovation championing strategies, Journal of Management, Vol. 21, 931-952.

Teece, D.J. (1992): Competition, Cooperation and Innovation. Organizational Arrangements for Regimes of Rapid Technological Progress. Journal of Economic Behavior and Organization, Vol. 18, 1-25.

Theurl, T. (Hrsg.) (2011): Münstersche Schriften zur Kooperation, Band 95, Münster: Shaker Verlag.

Thiemeyer, T. (1975): Wirtschaftslehre öffentlicher Betriebe, Reinbek: Rowohlt-Taschenbuch-Verlag.

Trend Research (2010): Smart Home 2.0 Intelligente Mess- und Kommunikationssystemein Gebäudetechnik und Energiewirtschaft - Die Zukunft des Zusammenspiels von Smart Home, Smart Metering und Smart Grids, Bremen: Selbstdruck.

Tushman, M. L. und Katz, R. (1980): External Communication and Project Performance - An Investigation into the Role of Gatekeepers. Management Science, Vol. 26, No. 11, 1071-1085.

Tushman, M. L. und O'Reilly, C. A. (1996): Ambidextreous Organizations: Managing Evolutionary and Revolutionary Change, California Management Review, Vol. 38, No. 4, 8-30.

Vahs, D. und Burmenster, R. (2005): Innovationsmanagement – von der Produktidee bis zur erfolgreichen Vermarktung; 3. Auflage; Stuttgart: Schäffer-Poeschel.

VKU und YourSales (2010): Stadtwerk der Zukunft II – Perspektiven kommunaler Kooperationen im Energiesektor; Berlin: Selbstverlag.

VKU (2012a): VKU kompakt – Kommunale Versorgung und Entsorgung in Zahlen, Ausgabe 2012, Verband kommunaler Unternehmen e. V.

VKU (2012b): Kommunalwirtschaft auf den Punkt gebracht; Berlin: Selbstverlag.

Wagner, O. und Kristof K. (2001): Strategieoptionen kommunaler Energieversorger; In: Wuppertal Papers; Nr.115, 5-53.

Welker, M. / Werner, A. / Scholz, J. (2005): Online-Research – Markt- und Sozialforschung mit dem Internet, Heidelberg: dpunkt.

Wieland, J (2007): Wettbewerbsordnung und Gemeindewirtschaftsrecht – ein schwieriger Ausgleich; In: Michael Schöneich (Hrsg.), Stadt-Werke, Festschrift für Gerhard Widder, Frankfurt am Main: Lang Verlag, S. 81 - 92.

Wolf, G. / Weber, M. / Georgi, T. (2008): Hochzeiten und Verlobungen im Energiemarkt – die Zukunft regionaler Versorger?, Marktstudie Kooperationen im deutschen Energiemarkt, PA Consulting.

Wolgemuth, O. (2002): Management netzwerkartiger Kooperationen; 1. Auflage; Wiesbaden: Deutscher. Universitäts-Verlag.

Wübbels, M. / Weigt, J / Petzold, F. (2012): Lage und Perspektiven der kommunalen Energieversorgung.

Yang, X. / Taylor, M. C. / Stoltenberg, C. (1999): Assessing the effects of structural and project characteristics on R&D strategic alliance performance – A unified approach, Journal of High Technology Management Research, Vol. 10, No. 1, 105–121.

Zaltman, G., Duncan, R. Holbek, J (1973): Innovations & Organizations; New York: Krieger.